特性を活かしている喜びがあり、顧客満足度も上がり、協力してくれる人もたくさん出てきて、新しいアイディアを受け取るでしょうし、新しい才能も開花して自分の可能性を感じ、自信も出てくることでしょう。

生きることそのものや人生についての健康では、不安やストレスが減少して心の平和が得られ、何かに対する熱意や目的が得られて生きがいを感じ、困難な状況や変化にも柔軟に対応できる力がつき、人生の幸福感や満足度が高くなり、悔いのない最後を迎えるでしょう。それはつまり、人生が愛と感謝に満ちているということなのでしょう。

健康へ向かうことを「癒し」と言います。あらゆる健康の中心、本質であるスピリットへと向かう癒しが「スピリチュアルな癒し」です。そして、自然治癒力のような、私たちを癒して本質へと戻してくれる作用のことを、この本では「ガイド」と呼んでいます。

実は、この本は、夢の中で私が受けたガイドからの授業を元に書かれています。この授業を通じて、私はスピリチュアルな癒しや摂理について新たな視点を得ました。そして、この授業は、私個人にとどまらず、人類全体にも関連した癒しの流れであることがわかりました。その理由は、人類が今、スピリチュアルな目覚めの潮目にあるからです。

スピリチュアルな目覚めとは、特定の宗教の話ではなく、私たち一人ひとりに、自由で平和で健康で幸せに生きることを可能にする普遍的な力があると気づくことです。それは、抑圧されたものは表面化され、間違いや歪みは訂正され、エッセンスが共有されて、世界や人生がニュートラルな視点で再び体験される癒しの過程でもあります。このようなパラダイムシフトは科学ではよく起きていますが、今はスピリチュアルなレベルで起きているのです。

情報化が進む中で世界は開かれ、締め付けられ抑圧されてきたマイノリティたちの小さな声が集まって大きな運動となり、恐れから来る閉鎖的で歪んだ観念からの解放が加速し、隠し事は表に出やすくなり、純粋な心を表現することの大切さに気づき始め、自らの選択で思考と感情を整え、自然と調和したあり方が健康に関わっていることを、人々は深く理解し始めています。

スピリチュアルとは、集団の結束を強めたり人々の心の拠り所でもあるために、パラダイムシフトに抵抗する勢力が出てくるのは当然です。そのように歪みが表面化されるのは、癒しの過程で必ず起きることです。そこで、再び抑圧されるか癒されるかが選択されるのです。

ＳＮＳの普及によって世界中の出来事やさまざまな国や文化で生きる人々の生の声を知ることができるようになり、抑圧されてきた多くの権利、特に女性の人権やセクシャルマイノリティについての現状が表面化されてきました。また、連日の異常気象によって誰もが日常的に自然環境の重要性を痛感し始めました。感染症の拡大では、政治的な力と集団の心理といった社会現象の中で、一人ひとりが改めて自分の心と体の健康に対してどのように向き合っているのかが突きつけられた形となっています。

人類は歴史の中で多くの争いを経験し、命の大切さや平和の価値が認識されているはずでしたが、それでも未だに起きている戦争によって、改めて平和とは何かを学んでいます。映画の宣伝が発端となって、原子爆弾についての日本人とアメリカ人の考えの違いが表面化したのも癒しの作用です。戦争の正しさの主張をぶつけるのではなく、普遍的な平和への協調は、人類の「集合的な魂」に課せられている癒しの責任でしょう。

今も特定の宗教団体は社会問題を引き起こしていますが、たとえ「スピリチュアルはあやしいもの」と言っている人であっても、自分の人生や健康や幸福について考えることは大切であると知っていますし、脳トレを目的として瞑想を始める人も多くなりました。「肉体が死んだら意識も消える」と言っている科学者がいても、それを本当に信じて生きている人はどれほどいるでしょうか。信じることでどれほど人生が豊かになり、健康や幸福になるでしょうか。

さまざまな状況が一時的にひどくなっているように思えても、誰も大きな癒しの流れに逆らうことはできません。

それが、スピリチュアルな目覚めのプロセスなのです。

あなたもこの本を読み進めるにあたり、自分自身の考えと向き合って、ガイドの授業を受容するか否認するかの選択をすることになるでしょう。スピリチュアルな概念の変化は、あなたの人生の目的・考え方・あり方を変えるでしょう。その変化は周囲の人々に影響を与え、何か特別なことをしなくても、あなたの存在が彼らの癒しにつながっていきます。癒しとは、決して個人的なものではないのです。

パラダイムシフトでは概念が変わります。この本には「癒し」や「スピリット」以外にも「魂」や「目覚め」など、すでにあなたが知っている多くの言葉が登場しますが、それらは今までのあなたの概念とは違うかもしれません。

たとえば、この本で表記されている「霊」とは、個人を超えた大いなるスピリットのことなので、一般に言われる「死んだ人の幽霊」のことではありません。

言葉の意味に注意しながら一度全体を読んでいただき、読み終えたら、気になったところをもう一度、読み返してみましょう。何度も読み返しているうちに、「あー、こういうことだったのか！」とわかるでしょう。それが、パラダイムシフトの瞬間です。

すでに知っていると思い込んでいたものの概念が変わることを通して、あなたはより自由になり、あなたの人生もより本質的な「スピリチュアル」になっていくことでしょう。

深瀬 啓介

ガイドの授業　目次

第2限 霊と魂の関係

ドリーミングの世界

第1講 ドリーミング 130

第2講 ドリーミングを学ぶ理由 148

第6講 開かれた魂の知覚 202

「エゴの罠」と「癒しの道」

第1講 癒しの機会 216

第2講 「エゴの罠」 222

第3講 「癒しの道」 232

プロローグ

想像の輪を広げる

この世は、実にさまざまな色に溢れています。

人が自然界に見ている色数は、パソコンモニターで表現できる色数を遥かに超えています。

色相は赤色から橙色へと変化して、やがて黄色へ、そして黄色から黄緑色、緑色、青緑色、水色、青色、紺色、紫色へとグラデーションは移り変わります。このグラデーションはとても滑らかで、わずかな変化は目で捉えられないのに、どこからか違う色に変わっていきます。

色が電磁波であると考えるなら、私たちは電磁波を見ているのでしょうか。

紫色以降の電磁波は紫外線であって、肉眼で見る体験はできません。紫外線をキャッチする機械で何かの色に置き換えて表現したとしても、そこに見えるのは赤色から紫色までのグラデーションの中のどれかの色であって、見たこともない色が見えることはありません。

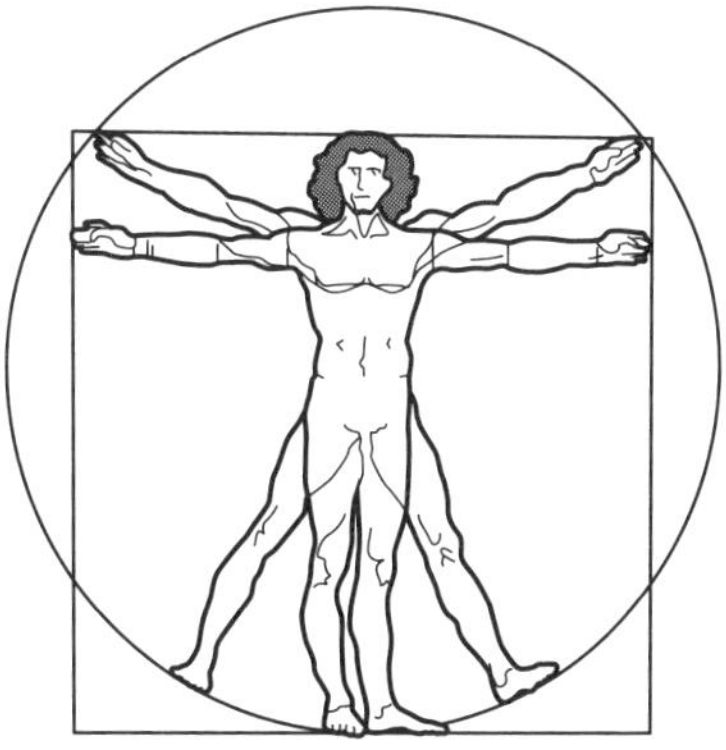

▲レオナルド・ダ・ヴィンチの『ウィトルウィウス的人体図』

不思議なことに、赤紫色は、赤色と紫色という電磁波の帯では一番遠く離れた波長を一つに結びつける色です。色のグラデーションは、この赤紫色で一つの輪になって完結するように見えています。どうやら人の視覚は、この色の輪の外には出られないようです。

レオナルド・ダ・ヴィンチの「ウィトルウィウス的人体図」という、人が輪の中で手を広げている有名な絵があります。私にとってその絵は、「人は輪の外に出ることができない」という教えのように見えます。

色を作るきっかけになっているのは肉眼でキャッチしている電磁波かもしれませんが、色を作っているのは、頭の中の意識（無意識の部分）です。そのため、夜の夢の中のように肉眼を閉じていても色を見ることはできています。

しかし、見ることが可能な色とは、自分の認識が可能な範囲の中の色だけで、その範囲の外の色は、見るどころか想像することすらできません。人は、想像の輪の内側しか認識できないのです。

そのため、新しいことを知ろうとするのなら、想像の輪を広げるしかありません。

世界中の探究者たちは、今日も想像の輪を少しでも広げようと努力しているのです。

そういった意味で、この本は、理解するまで何度か読み直さなければいけない内容かもしれません。なぜなら、自分の概念が想像の輪を作っているので、新しい概念を理解するには、それまで信じてきた概念を超えていく必要があるからです。

概念を超えようとすると、誰でも混乱するものです。理解できないので、疲れます。脳にとってストレスなのです。脳はストレスを感じると、そこから逃れるためにさまざまな言い訳を考えます。「自分には関係がないことだ」「それは必要のないことだ」「それは嘘だ」「正しいのは他にある」といった自動反応です。

それでも私たちは、自らの本質であるスピリットの神聖さに背を向けることは間違っていると、どこかで感じています。自分の魂に嘘をつかない本質的なあり方を求めるのなら、本質であるスピリットへ目覚めるしかないと心の深い部分で知っているかのようです。

どこまでも広い海、夕焼けの空、咲き誇る花々、雄大な山々、荒々しい大滝、透き通った青緑色の湖、満天の星空など、大自然の美しさを目にした時に、ちっぽけな自分を超えた大いなる何かを感じることがあります。肉体を超えた神聖な何かが自分の中にあるなら、この大自然の中にも同じような神聖さがあるはずだという思いが、宗教の元型を作ったのかもしれません。大自然を崇拝すること、また、この世を超えた神さまという存在を崇拝すること、その心の根本には、自分を超えた大いなる神聖さと自分の中の神聖さがつながっていると感じる思いが、心の深い部分にあるからでしょう。

自分のこれまでの概念を超えたことと向き合うなら、初めは理解できないのは当たり前です。既存の概念を超えるには、理解できない、わからない、想像もできないといったストレスの状態を、「今は理解できないだけだ」と受け入れて、それでも探究し続けるしかありません。

学びとは、理解できないストレスの中でのチャレンジなのです。

概念を超えて想像の輪が広がれば、広がった分、理解ができるようになります。

想像の輪を広げるには、宗教的であっても経験的であっても、それまで学んできたさまざまな知識を超えていく意欲が必要です。

明晰なスピリチュアリティ

人類のスピリチュアルな視点は今、比喩や隠喩に満ちた神さまと人間との「物語」から、ガイドを通して直接スピリットへ目覚める「明晰なスピリチュアリティ」の段階に入っています。

これは伝統的な宗教を否定することではなく、その想像の輪をもっと大きく広げてエッセンスを抽出していくような探究です。

たとえば、科学であるなら、既存の概念が大きく変わるようなパラダイムシフトがたびたび起きて発展していくように、スピリチュアルについての概念も大きく変わって想像の輪が広がり、より抽象的に高い視点で大いなる神聖さを捉えられるようになるのです。

それまでの「善か悪か」という二元的な概念を超えると、善でも悪でもないそれらがより高度なレベルで相互作用している全体性を捉えることができるようになるでしょう。

さらに「部分と全体」という概念を超えると、全てが分離不可能な一つである全一性を捉えることができるようになるでしょう。だからといって全てが完全に理解されるわけではありませんが、全一性という概念に広がることで、それまでは見えなかった新しい視点（理解力）が得られるのは間違いありません。このスピリチュアルなパラダイムシフトのことを、「霊的進化」と呼んでもいいでしょう。

私たちは、「温故知新」という表現をすることがありますが、パラダイムシフトとは、そういうことではありません。何を変えるか何を残すかという私たちの判断ではなく、もともと本質の中に何も知らない小さな私たちがいて、想像の輪を広げることで少しずつ本質に近づくということです。つまり、本質に目覚めていくとはそういうことです。

古い概念をコツコツと新しく解釈し直す必要などないくらい超越することが、「霊的進化」なのです。

「明晰なスピリチュアリティ」の「明晰」とは、「何が目覚めに向かう道であり、何が深い眠りに入り込んでしまう道なのかが明確である」という意味です。「目覚め」とは、全てが一つ（全一性）である「スピリットへ目覚める」ことです。スピリットが目覚めているあり方だとするなら、「眠り」とは、一人ひとり分離している個性的な私たちのあり方のことです。しかし、私たちにとっては「分離した個人」が現実のように思えて仕方がありません。

ここにパラダイムシフトが起こると、「この世界が夢だとするなら、この世界を否定するのか」ということではなく、否定する必要もないくらい既存の概念が超越されて、この夢の現実感にただ驚くだけです。寝ている時に見ている夢でも、現実感はあります。夢の中で怪物に追いかけられれば、驚いて必死に逃げるはずです。同じように、肉体を超えた存在として自らを捉えるならば、この世界も、寝ている時に見ている夢と同じ体験です。現実感は、夢か現実かを分ける手段にはならないのです。

夢か現実かという判断を超越すると、寝ている時の夢の体験と、肉体として起きている時の体験に共通している何かについて気がつきます。それは、「私がそこにいる」という気づきです。これは「我思う故に我あり」という認知や、「自分がそこに存在している感覚」といった知覚ではなく、「体験は、私の中で生じている」という高次の気づきです。

このように新しい視点を得ることで、「夢か現実か」の判断そのものが無意味になり、その代わりに「体験を超えた私とは何なのだろうか」という新しい疑問に到達します。

こうして、想像の輪が広がっていくのです。


「明晰なスピリチュアリティ」とは、何が想像の輪をスピリットへ向けて広げることになるのか、何が想像の輪を小さくして夢の奥へ向かうのかが明確になる霊的視点という意味です。

あなたの想像の輪が、すでに「明晰なスピリチュアリティ」にまで広がっているなら、この本は当たり前のこととして理解できるでしょう。

そうでなければ、理解できないストレスを感じるかもしれません。

でも、安心してください。むしろ、この本は、ストレスを感じる人に向けて書かれています。ストレスがあったとしても、既存の概念を超えていくことを楽しんで、何度か読み直してみましょう。

この本はあなたが開いているのですから、「明晰なスピリチュアリティ」はあなたに開かれています。

ガイドの授業

第1限

軸とバランス

健康とは、肉体と精神と魂を、「霊」の軸に合わせたことによる「静寂」である

スピリチュアルとは、
霊に基づく生き方である。

霊に基づく生き方を始めると、
肉体と精神と魂のバランスが整う。

第1講

軸とバランス

バランスがとれると「静寂」となる

分離のない霊のあり方を思い出す

スピリチュアリティとは、霊（スピリット）に基づく生き方です。個人としてのあなたを超えた本来の「自己」とは霊であり、その霊を信頼するあり方がスピリチュアリティです。

世界には、自分以外の多くの他者が生きているようにあなたは思っているでしょう。しかし、あなたの本来のあり方は、未だに一度も分離してはいない霊であって、それは今この瞬間も変わりません。あなたはまだ分離した一つの魂として振る舞っていますが、癒しを通して、分離のない霊のあり方を思い出していきます。あなたが霊に基づく生き方を始めると、心と体と魂が霊のバランスに戻って健康を取り戻します。霊のバランスの上にある人生は、たとえそれが「分離の夢」であったとしても、豊かで幸せな体験となります。

崩れたバランスを戻したり豊かさや幸せに気づかせるのは、霊に備わっている力です。つまり、私たちを癒して本質へと戻してくれる作用・力のことです。
この力のことを、「ガイド」と呼ぶことにしましょう。

癒しと愛の拡大

癒しとは、ガイドの作用のことです。ガイドはあなたの苦しみを癒して、本来与えられている「愛と命と光」を思い出させるように働きます。「愛と命と光」は一つであり、それが霊のあり方です。霊のあり方をあなたが少しでも思い出したなら、健康や平和や自由が今ここにあることに気づけるでしょう。

どのような魂であってもガイドの癒しを得ることは可能ですが、いつどれくらい癒しを受け入れるかは、あなたの意欲によります。あなたが人生でガイドを意識的に受け入れていくにしたがって、癒しの作用も大きくなります。これはとても自然な流れで、やがてあなたは自らの魂に備わっている「特性」を発揮しながら健康を取り戻し、ガイドに祝福された幸せで豊かな人生を送るようになっていきます。さらに、あなたの癒しは周囲にも影響を与え、あなたと関わる多くの魂たちの癒しにもつながっていきます。これを「愛の拡大」と言います。

癒しが進むにつれて、意識は脳の働きによって作られているのではないことや、魂は肉体の中に入っているわけではないこと、この世界や他者として見えているのは魂が見せている夢「ドリーミング」である

やじろべえの構造

① 静寂　　② 歪み

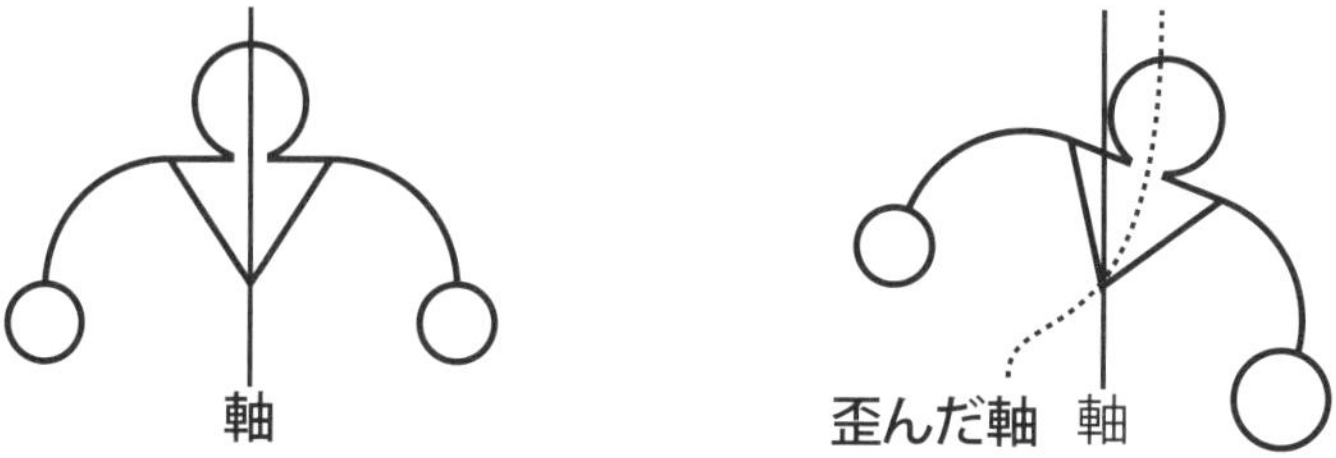

▲バランスがとれている時
全体は軸と一体となっている。
→**静寂**（無）の状態

▲歪んだ軸の上で
バランスをとろうとする。
→**快感**や**不快感**の体験

ことがわかってきます。

やがて、肉体の死後も魂は死ぬことがないという確信が得られ、ドリーミングの「情報とエネルギーと意識（想念）」についての深い理解や、二元的な視点を超えた全一性を思い出すことになります。

「やじろべえ」の構造が示すもの

「やじろべえ」の構造を考えてみましょう。左右の重しにかかる重力は軸を通って重心に集められ、全体でバランスがとられています。バランスがとれた「やじろべえ」はちょうど垂直な軸に沿って静止しているように、その状態は、特に何も起きていない「静寂」の状態です。

左右の重しのバランスが変われば、「やじろべえ」は傾きます。バランスが崩れれば、軸からそれてふらついてしまいます。軸と一体となっているなら何も感じることはありませんが、歪みが生じると、軸から離れて違和感を覚えることになります。この時、あなたは「苦しみ」の体験をします。

「やじろべえ」が傾いた状態でバランスがとられているのであれば、歪んだ軸で安定していることになります。しかし、たとえバランスがとられているとしても、歪んだ軸では無理な力がかかっているので疲れてしまいます。もっと傾くと、「やじろべえ」は崩れ落ちてしまいます。

そのように、あなたのあり方にも軸があります。肉体における軸は、外側では骨や筋肉・筋膜や神経系などが関わっている体軸、内部は自律神経系や内分泌系や免疫系などが関わっている恒常性（ホメオスタシス）として表現されています。肉体の軸のバランスがとれると、特に目立った感覚はなくなり、姿勢は安定して「静寂」に至ります。この状態では、行動の自由を感じるでしょう。逆に、バランスが崩れれば、病気の「苦しみ」として体験されます。

バランスがとれると「静寂」が訪れる

軸は、自分の状態によって随時変化します。たとえば、立っている時の軸と歩いている時の軸のバランスが違うように、体軸は姿勢によって変化するのです。体は地球の重力の上に軸を作り上げていますが、姿勢の傾きによって変化するため、姿勢を崩すとバランスも崩れて倒れてしまうのです。

歩いたり物を持ったりといった「動きの癖」も、軸の乱れにつながっています。日常生活で染み付いた姿勢や動きの癖も、病気として表現されます。

「意識」がふらつけば、体の軸もふらつきます。

常に歪んだ姿勢をしていると、体は自動的に崩れたバランスの上で新しい軸を作り上げようとします。

そして、その歪んだバランスの上に、肩こりや腰痛が表現されます。

痛みとは「苦しみ」の一つであり、体にバランスが悪いところがあるという合図です。

体の中では、体温調整や血糖調整、内分泌や免疫などの恒常性という軸によってバランスがとれています。この軸も環境や食べ物や運動によって変わり、心の持ちようによっても変化します。精神的なストレスが高くなると、その崩れたバランスの上に恒常的な軸を作ろうとします。そのため、精神的な偏りも病気として表現されます。

健康か病気かは、軸によって表現されています。健康とは軸のバランスが良いということですが、バランスが良いと「気持ちが良い」わけではありません。バランスがとれた軸の上には、特に目立った感覚は現れません。健康とは、軸のバランスの上にある「静寂」のことなのです。

たとえば、何も起きていない時の足の小指は、どこにあるのかも忘れているほど「意識」に現れません。これが「静寂」です。しかし、ひとたび机の角に小指をぶつけると、そこに痛みの感覚が現れます。これが「苦しみ」という表現です。

痛みで心が動揺すると、心臓はバクバクと波打ち、呼吸は止まってしまうか浅く速くなり、全身が慌て始めます。逆に、ひとまず落ち着いて、痛みそのものを受け入れ、小指の感覚をよく観察しようとするなら、痛みも微妙に変化していくのがわかります。しばらく観察していると、徐々に痛みが弱くなっていくのを感じ始めるかもしれません。怪我が治ると、足の小指はまた「静寂」に戻ります。

「気持ちが良ければそれで良い」も軸の歪みにつながる

軸自体を感じ取ることはできませんが、バランスがとられているかどうかは「苦しみ」があるかどうかで感じ取ることが可能です。ポジティブかネガティブかに関わらず、バランスが崩れれば、「静寂」に属さない思考や感情や感覚として表現されます。

そのため、「気持ちが良い」というのも、バランスが崩れたことによって表現された感覚です。「気持ちが良い」と「快適である」とは違います。「快適である」とは、軸のバランスがとれているという「静寂」に属します。本当に快適であるなら、特にその状態を表現しようとも思わないでしょう。代わりに自由や平和を感じるかもしれません。

「気持ちが良い」といったポジティブな偏りの感覚は、「不快である」といったネガティブな偏りを修正することからも表現されることがあります。ネガティブな状態からするなら、軸を戻すことはポジティブな方向へ変化させることになるからです。

しかし、軸の中心に戻ったとしても、さらに「気持ちが良い」方向へ傾けてしまうと、「快感」といった強い知覚が表現されます。さらにその状態から戻りにくくなるくらい軸を傾けてしまうと、「中毒」となります。そのため、「気持ちが良ければそれで良い」というのは、軸の歪みにつながるので、癒しからは離れます。つまり、中毒とは、「気持ちが良い苦しみ」なのです。

バランスが崩れた時には、変化に気づく必要がある

軸とバランスの関係には、サーカスの綱渡りのような緊張感はありません。綱渡りなら、あなたが意識的にバランスをとって歩まなければならないでしょう。しかし、生命は自動的な仕組みであるため、あなたが意識的にバランスをとる必要はありません。バランスが崩れたからといって、すぐに綱から落ちてしまうようなことも起こりません。

あなたは、バランスが崩れた時に「意識」に現れる状態の変化に気づく必要があるだけです。

そのバランスを再び「静寂」に戻すのは、ガイドの作用です。

生命の神秘とは、自動的であることです。あなたがいちいち考えて筋肉の細かなところまで気を配って動かなくても、バランスは自動的にとられ続けます。

問題があるとすれば、日常的に癖がついてしまった歪んだ姿勢の上にも、体は自動的にバランスをとろ

うとして歪んだ軸を作り出してしまうことにあります。一度崩れたバランスの上に軸が作られてしまうと、軸そのものは透明であるため歪みに気づきにくいので注意が必要です。

第1講 まとめ

- スピリチュアルとは霊（スピリット）に基づく生き方であり、癒しは霊の力であるガイドの作用である。
- 肉体の軸は体軸や恒常性として表現されていて、バランスがとれていると健康であり、崩れると「苦しみ」として表現される。
- 健康というのは「静寂」であって、ネガティブでもなくポジティブでもない。
- 崩れたバランスを再び「静寂」に戻すのは、ガイドの作用である。
- 一度崩れたバランスの上に軸が作られてしまうと、歪みに気づきにくいので注意が必要。

第2講

精神の軸と自動思考

心と体はつながっている

精神にも軸がある

肉体と同じように、精神にも軸があります。精神の軸は、自動的に浮かんでくる思考と感情、それらに伴う感覚として表現されます。肉体の軸の歪みも精神の軸の歪みにつながっているため、苦痛や快感などの肉体の感覚から生じる感情と、自動的に浮かぶ思考として表現されます。

バランスがとれた精神の軸は、平和の状態にあります。平和は感情や感覚という形でも表現されることがありますが、本当に平和であると、平和そのものに気づくことはありません。本当の平和とは、感情ではなく「静寂」の状態だからです。

自動的に浮かんでくる思考は、意図的な思考とは違い、普段から頭の中に自動的に湧き起こってくるものです。これを「自動思考」と言います。日常の中のほとんどの思考は自動思考であって、何かの目的を持って意図的にする思考は、実はほとんどないはずです。精神の軸を扱う時には、まずこのことを知る必要があります。

ただし、意図的に思考したと思ったとしても、その引き金は自動思考であることが多いので、慣れてきたなら、意図を持つ瞬間にどのような自動思考が浮かんできているのかも観察してみましょう。

日常の感情の多くは、自動思考によって作られる

感情は肉体によって表現されることもありますが、思考によって表現されることもあります。

たとえば、「この人は偉い人で信じられる」と考えていると、その人の話がとても有り難く思え、感動も湧き起こりやすいでしょう。逆に、「この人は攻撃的で信用できない」と考えていると、同じ内容の話であっても疑って聞くため、批判的にもなるでしょう。

あらかじめ持っている見方（考えのパターーン）のことを先入観と言いますが、人は先入観に基づいて他者を観察して、先入観に合う情報だけを集める傾向があります。

白衣を着た高齢の「先生」と呼ばれる人の話の信憑性は高く感じますが、ゆるい普段着の若者の話の信憑性は低く感じます。これは社会的な先入観があるために起きる無自覚的な反応で、自動思考と同じようなものです。

先入観なく人を見て、話を聴くことは不可能ではありませんが、意識的であっても難しいかもしれません。しかし、代わりにあなたが先に心を開いて、相手を尊重して話を聴こうと自らのあり方を整えることはできますし、それはそれほど難しいことではありません。

感情は無自覚的な自動思考であっても、意識的な思考であっても、どちらでも表現されます。ただし、日常で感じている感情の多くは、自動思考によって作られた感情が多いでしょう。特定の場所や特定の人物の前や特定の時間帯や特定の匂いや音楽などが引き金となって自動思考が浮かんでくると、それに伴った特定の感情が感じられるという自動反応が起きています。

この自動的な反応は、脳だけではなく、神経や筋膜などにも記憶されていることがあります。脳だけではなく、肉体全体が記憶媒体なのです。恐ろしく強い感情を伴った体験の記憶は、それが起きていない時でも、体の反射によって思い出されて追体験されることがあるのです。

記憶と思考は同じ仕組みの上にあって精神のバランスを変えるように働くために、そこで感情も生み出されます。そのため、無自覚的に表現され続ける自動思考は、感情の観察でも利用できます。

その自動思考に「苦しみ」を生み出している「歪んだ思考」があるかどうかで、精神のバランスのチェックができます。気づきがないままだと、自動思考は無意識下で繰り返されて強化されるため、歪んだ思考のままだと気分が落ち込んだりイライラが続くことになります。

自動思考を観察し、まず自分を癒す

自動思考ではない意図的な思考は、あなたが意志を持つことから始まります。意志は創造活動の方向を指し示し、無意識に対して自動思考のテーマを与えるように作用します。テーマが与えられた無意識は、あなたが知らない間に答えを導き出すように自動的に働きます。そして、身体や感情の状態や行動のタイミングに影響します。

ただし、自動思考も自分の思考ですから、その思考がどのように歪んでいるのかを考えて意図的に適切な思考へ変えることも可能です。気分が落ち込んだりイライラが続いたりする場合は、そのような時に頭の中にどのような考えがあるのかを書き出してみるだけでも癒しになります。

自動思考を書き出して、その考えを適切な思考に訂正することで、精神の軸のバランスを修正することができます。続けることで、自動思考から生じる感情も変えることができるようになります。

ガイドの癒しを受け入れて思考の歪みがなくなれば、精神のバランスがとれて「苦しみ」も和らいでくるでしょう。

自動思考を書き出す時に注意が必要なのは、たとえば、SNSで公にするのではなく、自分だけが見るノートに書き出すことです。思ったことを思った通りに自由に表現することが大切ですが、それは「自分を癒す」という目的で行ってください。自分を癒す前に公にするのは、集合的な魂に対して直接影響を与えようとする振る舞いです。「振る舞い」と「思考の観察」は違います。思考の観察は、自らの癒しのために行うのです。

適切な思考とは、平和へ向かうもの

思考は、バランスのとれた精神の軸に基づく意志によって、真の力を発揮します。

バランスがとられていることで、これから何を考えるかという目的の中心に、ガイドによって平和がもたらされているからです。平和を土台とした思考は、豊かで幸せなアイディアへ向けて進んでいきます。

適切な思考の使い方から「振る舞い」を計画できれば、日常での「苦しみ」を少なくすることができます。この方法は「認知行動療法」としても知られていますが、先にガイドを受け入れることで、癒しの効果が高くなります。

適切な思考とは、「正しいかどうか」ではなく「柔軟であるかどうか」が重要です。あえて「苦しみ」を生み出さないのが、柔軟な思考です。適切な思考を使うのは、「正しさを守るため」ではなく「歪んでいる軸を戻すため」です。歪みが悪いからバランスをとるのではなく、平和で快適に在るためにバランスをとるのです。

バランスをとるために思考にできることは、「ガイドとのつながりを受け入れたいと望むこと」と「歪みを見つけること」と「適切な思考へ変えること」です。

適切な思考は、あなたを縛ったり、裁いたり、責めたりすることはありません。あなたの思考を自由にし、選択肢を多くし、観察力を与え、平和へ向かうものです。

「苦しみ」は、「軸のバランスを戻す必要がある」という信号

精神の軸でバランスがとれているなら、自動思考は静かで特に目立った感情がないために、心は穏やかでしょう。心が穏やかということは、少しの自動思考や感情があったとしても、それらに振り回されることなどなく、平和であるということです。この状態が、精神の軸における「静寂」です。

「静寂」であることは、特別なことではありません。精神の軸でバランスがとられている状態は、気持ちが良いわけではなく、普通に平和な状態です。だからといって、退屈でもありません。

軸のバランスはあまりに静かで目立たないために、人は静かで透明な軸よりも、ダイナミックでドラマチックな体験の方に気をとられてしまうものです。そのようなあり方も、平和の内では楽しめるでしょう。

しかし、ドラマは、他者も自分も傷つけることになるかもしれませんし、ドラマチックな体験に意識が囚われて深い夢に落ちることで、軸のバランスを大きく崩してしまうかもしれません。ドラマには中毒性があるため、人生で繰り返し起きているドラマのパターンには注意が必要です。

「静寂」とは、「何も考えない」ことではありません。生きているなら、自動思考や感情が完全になくなることはないからです。自動思考や感情をなくす必要もありません。「苦しみ」に敏感であれば、歪んだ思考があれば気づけますし、歪んでいない思考なら湧き出ていても気にならないこともわかります。思考の歪みが少なければ、そこからネガティブに引っ張られた感情が作り出されることはなく、「苦しみ」も少ないのです。

「歪みがあるのに気にしない」というのは問題です。それは、「切り離し」という自動的な防衛反応です。防衛するなら「脅かされ得る」という信念があることになります、それは決して平和ではありません。歪みは「悪い」のではなく、「苦しい」のです。「苦しみ」を切り離せば軸の歪みに気づけないので問題なのです。「苦しみ」は「悪」ではなく、単に「軸のバランスを戻す必要がある」という信号だと捉えましょう。

歪んだ思考で世界を見れば、そこに歪みが見える

精神の軸も、「意識」によって変化します。バランスを崩すと、不安、恐れ、妬み、恨み、落ち込み、怒りといった「苦しみ」の感情が体験されます。

自動思考や感情とは、意識の中に現れた体験の一つに過ぎませんが、現れた自動思考や感情の中に入って、それとあなたが「同一化」してしまうと、精神の軸は大きく歪んだままバランスを戻すことができな

くなります。

バランスが崩れたままで気づきがないと、その歪んだバランスの上に自分独自の新しい軸を作り上げます。ガイドを無視した自分独自の軸が出来上がると、その状態で安定するので、たとえ「苦しみ」に気づいて再びバランスを戻そうとしても「不安」が生じます。そのため、歪んだ軸の上で安定した人は、その軸を「正しい」と考えるようになります。

こうして、一度歪んだ軸が作られると、その歪みを通して他者や世界や人生を体験することになり、やがて歪んだ軸が普通であると思うようになり、癒しをあきらめてしまうでしょう。

精神の軸は、社会生活においても大きな影響を与えます。

健康には、社会的な健康もあるのです。歪んだ軸の上では、ネガティブで攻撃的な自動思考や感情によって仕事や人間関係に問題が生じます。特に親子やパートナーといった近い者との関係では、悪化が顕著です。それでも本人は、その歪んだ軸でバランスをとっていると思い込んでいるために、問題は自分ではなく自分以外にあると考えてしまうのです。

こうして、他者や世界の批判に対しては積極的になっても、自分自身の癒しには積極的になれなくなります。

歪んだ思考で世界を見れば、そこに歪みが見えます。

人はあまりに「世界は自分の外側に客観的に存在する」と信じているため、「世界が歪んでいるのであって、自分が歪んでいるのではない」と考えてしまいます。そのため、自らの歪んだ精神の軸が原因であるとは思えなくなります。
こうして自らを癒すことなく他者や社会を変えようとするので、癒しが止まってしまうのです。

第2講

まとめ

◉精神の軸は自動思考と感情、それらに伴う感覚として表現され、バランスがとられていると平和な状態になり、バランスが崩れると不安な状態となる。

◉バランスが崩れたままでいると、その歪んだバランスの上に新しい軸が作られてしまい「苦しみ」が続く。

◉精神の軸は社会生活においても大きな影響を与えるので、歪んだ軸の上では仕事や人間関係に問題が生じる。

◉自らの歪みに気づかず、癒すことなく他者や世界を変えようとすると、癒しが止まる。

第3講

精神の軸と観念

自分を作り自分を守る仕組みがある

個人的な観念と、他者と共有されている概念

肉体の軸を抵抗なく受け入れることができる人も、精神の軸になると抵抗を感じ始めることがあります。その理由は、精神は、目に見える肉体と違って隠れた働きであって、見えないものに対しては個人的な考えである「観念」に基づいて捉えようとするからです。

観念に基づくことは受け入れることが容易でも、観念の外にあることは受け入れ難いのです。

「自分とは何か」というのも「観念」です。「自分」とはあなたという「存在そのもの」のことではなく、「自分はこういう人だ」と考えている人物像です。

「存在そのもの」であるなら、「自分とは何か」と考える必要もないくらい存在していることで完結しています。「自分とは何か」と考えるのは、存在しているだけでは意味がないと考えているからです。何者なのかを知ろうとする望みによって、「本当のことはわからないけれど、たぶん自分はこんな人間なのだ

ろう」という考えを深めさせます。

観念は「概念」に似ていますが、観念は個人的な物事の捉え方を指していて、概念は他者との間で共有されていることが多い物事の捉え方です。

たとえば、「空気とは何か」という問いであれば、多くの人が同じような答えを出すでしょう。これが人々の持っている「概念」です。一方で、「人生とは何か」という問いには、一人ひとりさまざまな答えを出すでしょう。その答えがその人の「観念」です。

隠れた意識を「潜在意識」と言う

観念は、この世界の中でどのような情報を優先的にキャッチしようとするのかという個人的な認知に影響を与えます。

「認知」とは、あなたに認められ知られることです。認知されるには、あなたの意識の表面に現れなければなりません。しかし、視覚や聴覚などの「知覚」とは、たとえ感じ取られていても、そのまま意識に現れてくるものではありません。見えているけれど気づかれない、聞こえているけれども気づかれない知覚がたくさんあるからです。

足の小指は、普段はついていることも忘れるくらい存在感がありませんが、どこかにぶつけた時には痛みによって存在感が増します。いつでも知覚できるはずの小指も、認知されるには、あなたにとって優先的にキャッチする情報にならなければいけないのです。痛みは肉体の異常を示す危険な信号であるため、特に優先される認知になっていることが多いのです。

はっきりと痛みを感じることができる目に見える肉体の情報は認知されやすいのですが、感情や観念といった目に見えない精神の情報は認知が難しいものです。足の小指の知覚は、あえて注意を向けなければ認知されることはありません。このような、あえて注意を向けなければ認知することのない隠れた意識のことを「潜在意識」と言います。

痛みのように緊急性があって重要な知覚はすぐに意識の表面に現れますが、通り過ぎていく日常の景色のような重要性の低い知覚は、潜在意識によって自動的に処理されます。痛みといった強い刺激以外の日常の知覚においては、何が重要性の高い知覚で何が重要性の低い知覚なのかは、その人の個人的な観念に基づいて分けられます。

たとえば、車が好きな人にとっては、エンジン音は重要な知覚でしょう。そのような人にはエンジン音はとてもよく認知されますが、車に興味がない人にとっては、よほど大きな音でない限り、普段聞き流されている街の騒音の一部であって、際立って認知されることはありません。

興味関心とは、個人的に特別な観念を持っているということです。車が好きな人は、車に対して個人的な大切な思い出や、個人的に重要な意味があるのです。観念とは個人的な考えであって、その人の日常の体験を通して作られます。小さな興味は、繰り返される体験の中で大きく育ち、その人の観念的な世界を形作ります。これは、世界観とも呼ばれます。

やがて、その人の日常の体験は、潜在意識の選別によって繰り返し意識の表面に上げられる同じような情報で埋め尽くされます。自分にとって重要ではないとされた情報は、見えていても気づかず、聞こえていても気づけないのです。

そうして観念は体験と共に成長し、強化されていくのです。

観念は、自動思考の土台となっている

「自分」という観念は、あなたが日常的な潜在意識の選別によって作り上げた情報の集まりでできています。「自分」を構成している情報は、生まれてから家庭や学校や会社など社会生活の中で集められてきました。日常の体験の中から、「自分」と思えるものや、「自分」と思いたい情報を選択的に集めてきたのです。それは、国籍や民族、性別や名前や出身地、性格、好み、価値観、執着、癖、コンプレックスなどです。

これらの多くの情報は、あなたが選んだものもあれば、親や友人、教師や占い師、メディアや社会によって与えられたものもあります。ただし、どのような場合であっても、与えられた情報を受け入れるかどうかの選択はあなたにありました。

その時々に、あなたは何を「自分」として認め、何を「自分」ではないものとして拒んだのか。その瞬間的な選択の積み重ねが、「自分とは何か」という観念を作り上げたのです。最終的に、「自分とは何か」を決定するのはあなたの個人的な選択なのです。

「自分」を構成する情報は潜在意識に蓄えられ、日常的な価値判断の基準として使われます。そのため、「自分とは何か」という考えが、あなたの日常の体験の価値を作り出しています。潜在意識の働きは精神の自動的な処理なので、あえて意識しなければ自覚されません。観念は、自動思考の土台となっているのです。

あなたの日常の体験の価値を一生を通して見るのであれば、それはあなたの人生の価値になります。「自分とは何か」という観念が一生に映し出されることで、「人生とは何か」という観念に拡大されるということです。そのため、「自分とは何か」という観念は、人生を通して見るなら、とても重要な観念となっています。

人生において重要な観念となった「自分」ですから、当然「自分」を否定するような情報や、「自分」が到底受け入れられない情報は、せっかく作り上げた「自分」という観念が攻撃されて壊されてしまうと判断されます。そして、肉体の痛みと同じ危険信号として、優先的に意識の表面に上げられます。これは自動思考です。危険信号に対する自動的な判断では、「攻撃か防衛か」が考えられます。自動思考は感情も作り出します。観念が脅かされたことから、恐れや怒りといった感情が生じます。こうして、「自分」ではない情報に対して、強く反応するようになるのです。

「自分をどう思うのかは自分の自由だ」という考えはその通りなのですが、問題は癒しにあります。歪んだ精神の軸の上で作られた歪んだ思考を肯定すると、歪んだ自己像によって「苦しみ」が続いてしまうのです。

肉体と精神の軸の違いは、「自分」という観念との距離

観念は、日常的に繰り返される価値判断によって成長し強化されていきます。そのため、一度歪んだ思考の上に観念が作られると、その歪みはどんどん大きくなってしまうのです。

そうなると、「自分なんて価値がない」「自分なんて無意味である」というネガティブな思いが生じます。この歪んだ観念が一生に映し出されると、「人生なんて価値がない」「人生なんて無意味である」と思うようになります。

これは、精神の軸の歪みによる「苦しみ」の表現です。

「自分」の観念に対して無自覚的だと、その観念が歪んだ思考の上に作られていても、見過ごしてしまうかもしれません。

「自分」をどのように観念化するかは自由ですが、そこに「苦しみ」が生じた場合も、誰のせいにもできないのが自己責任というものです。しかも、この問題は、潜在意識による自動思考が関係しているために厄介です。

精神の軸が肉体の軸と違うのは、直接知覚され難いことです。肉体的な痛みより、精神的な痛みは無自覚的なのです。

「自分」をどう思うのかは自由ですが、「癒し」という視点から見るなら、そんな「自分」が自分自身を癒すことができる者なのかどうか良くわかるはずです。

世の中には、自分の肉体の一部を「自分」ではないと思ったり、「自分」はすでに死んでいると思い込んだりしている人がいます。このような精神的な現象は、コタール症候群と呼ばれています。睡眠欲や食欲という生理的欲求もなくなることもあるようで、心理的な葛藤を解消するために自殺未遂を繰り返すこともあります。コタール症候群の人であっても、そこに矛盾を感じている自分自身はいます。そのため、自分が生きているか死んでいるかという判断ができるのです。

肉体と精神の軸の違いは、「自分」という観念との距離でもあります。

知覚は、分離によって認知されます。簡単にいうなら、コップを見るためにはコップと「自分」は分離していなければならないということです。そして、コップと「自分」には距離があります。

肉体も「自分」という観念の一つですが、コタール症候群からもわかるように、肉体は観念そのものを作り上げている精神よりも、「自分」から距離があります。

「自分」を守ろうとするなら、「自分」に近い情報であればあるほど守ろうとします。

その証拠に、肉体的につらい体験をした人は、精神を守るために人格を変えようともします。一人の人間に多数の人格が作られる多重人格、解離性同一性障害です。

「自分」とは観念であって、あなたという「存在」ではない

たとえ「自分」という観念などなくても、世界を体験することはできます。なぜなら、観念が作られる前からあなたは「存在」しているからです。「存在」とは、実在感や存在感のことではありません。それは知覚のことで、知覚とは分離によるものです。そのため、実在感や存在感という知覚は、それを認知しているあなたと距離があるのです。感じることができた瞬間に、自分自身ではないということです。

「自分」という観念が育っていなくても世界の認知はできますが、それは良い体験なのか悪い体験なのかという価値の判断はできません。観念を超えた直接的な体験とは、軸によって生じる体験です。それは、快適であるか、「苦しみ」があるかです。快適が「善」であり「苦しみ」が「悪」であるということでもありません。ただそのような体験だというだけです。

善悪を判断するには、「自分」という観念がしっかり作られていないといけません。「自分」を肯定する情報は望ましい情報であり、「自分」を脅かす情報は望ましくない情報であり、脅かすならそれは攻撃であるという判断です。

こうして、「自分」という観念が判断の基準となるのです。

精神の軸を「自分」軸に合わせると、「判断できない曖昧な状態」は居心地が悪く感じられます。「自分」

とは世界の体験を作っている土台ですが、それは観念であって、情報を寄せ集めて作った仮想的な人物像です。

「自分」とは観念であって、あなたという「存在」ではありません。分離によって作られたので、「自・分」なのです。分離など初めからないあなたという「存在」そのものは、「自分」ではなく「自己」と呼んだ方が、より混乱が少ないでしょう。

そのため「」で表記しているのです。

それでも癒す、それでも癒すという選択で不安を超える

いったん「自分」軸で人生のバランスがとられてしまうと、ガイドの癒しは軸の変化となるので、不安になります。そこで再び既存の「自分」を守ろうとすると、今度は癒しが入ってこないように観念の壁を強化するようになります。そこに自動思考による言い訳が生じると、「癒しとは思い込みである」「ガイドは幻想であって、自分が納得でき知覚できるものだけが信頼に値する」「ガイドとは偽物の神であり、本物の神は○○神だけである」といった価値観が作られます。

観念の壁は、「癒し」を受け入れようとする時の障害となります。

「自分」という城を壁で囲んで堀まで作って、その中に引きこもることで、確かに「自分」は守られるか

もしれません。しかし、攻撃される不安の中、壁や堀を維持して警戒し続けると疲弊し、いつかは兵糧も尽きてしまいます。「苦しみ」が続き、生命力はすり減るということです。

精神の軸は、「自分」というデリケートな観念に関わっています。「癒し」を選ぶのなら、いつかはこのデリケートな軸を扱うことになるという覚悟は必要です。

「自分」が信じていたものが否定されるような不安との対面は避けられません。その時に幻滅するのは必須です。なぜなら、癒しとは幻想を滅することだからです。取り消されたとしても幻想ですから、目覚めに一歩近づいたということです。

精神の軸を扱うなら、どうしようもない不安な気持ちの中でも、静かに耐えることができる力を養うことが大切です。それは、一瞬一瞬の癒しの意欲の連続です。それでも癒す、それでも癒すという選択によって不安を超え、精神の軸を「静寂」に戻すことができるのです。

「癒し」とは、スピリットから、ガイドを通してあなたに差し出されるバランスと生命力なのです。

歪んだ観念の壁を壊して、もっと大きく自由な視点が得られるように作用します。

本当は、壁の外に広がっている世界の全てが、あなたの魂の世界なのです。

あなたは、小さな「自分」という観念を超えているのです。

第3講

まとめ

◉精神の軸は「自分」というデリケートな観念に関わっている。

◉観念は体験と共に成長し、強化されていく。

◉「自分とは何か」という観念が人生の価値を作り出している。

◉癒しは歪んだ観念の壁を壊すように働く。

第4講

魂の軸と「意識の場」

魂は「自分」と世界と人生の体験を作っている

魂はどこにあるのか？　それが、魂の軸の理解につながる

自動思考や感情といった精神よりも、さらにデリケートな領域があります。

それは、「魂」です。

魂は伝統や文化や信仰に深く関わっているため、人類という集合意識においても、まだまだ聖域となっています。たとえ肉体や精神について学ぶことに抵抗がなくても、魂について学ぶとなると警戒心が出てくるのは、それが伝統や文化や信仰に関わることだからです。

長年、魂に対して思い込まれてきた誤解は、「肉体の中に魂が宿っている」という考えです。この考えでは、肉体は魂の殻のようなものになってしまいます。「肉体に魂が宿る」や「死んだら肉体から魂が出る」という発想は、そこから生まれます。

それなら、魂はどこにあるのでしょうか？

そのことが、魂の軸の理解につながります。

死んでも、あなたは消えることはありません。そのため、「死ねば癒される」わけではなく、「死んでからも癒しは続く」のです。癒しとは、軸のバランスをとって「静寂」に戻すことなので、死んでも癒しが続くなら、そこにはまだ何かの軸があるということです。

肉体から抜ければ物質的なこの世界からはみ出すので、肉体的な感覚はなくなります。それでも、目の前の肉体が自分だったという記憶は消えないので、肉体の記憶は魂にあるということです。

死んだら肉体と離れるのなら、何が肉体と離れたのか。生きていた頃の記憶は残っており、「これは自分の肉体だ」と考える思考も、その状況に驚いている感情も残っています。そして、死んでも癒しは続いているので、歪んだ思考も自動思考もネガティブな感情も残っています。思考や感情が残っているなら、精神の軸は、まだ魂とつながっているということです。

死んでも残っている記憶は、どこに蓄積されているのでしょうか。

思考も感情も、どこからやってくるのでしょうか。

魂とは、精神活動を超えた「意識の場」である

肉体が死んだ後でも記憶や思考や感情が残っているなら、肉体を超えた精神活動が可能な「場」があるということです。それは精神活動を支えているので、精神活動を超えた「場」でなければなりません。この精神を超えている「場」が、魂と呼ばれているものです。

記憶をしたりそれを思い出したり、思考や感情が認知できるのはあなたの意識においてです。魂は精神活動を行う土台であり、精神活動を作り出しています。つまり、魂は「意識の場」なのです。

意識の表面だけが「意識の場」ではありません。なぜなら、意識の表面で認知されない「思い出されていない記憶」があるからです。記憶は、思い出そうとすれば思い出せるので、「意識の表面にはない」というだけです。

「意識の場」には、認知されている表面的な意識以外にも、認知されていないけれど無自覚的に感じている潜在意識があります。潜在意識は、あえて認知しようとすれば認知可能な表面的な意識のすぐ下の隠れた意識です。

しかし、意識には、認知しようとしても難しい、潜在意識より奥に隠れた意識もあります。それを無意識と言います。これらすべての意識があって精神活動が可能となるので、魂という「意識の場」はとても

大きいのです。

魂は「意識の場」ですから、あなたが体験している世界そのものを作り支えていることになります。

あなたの魂が、あなたの体験している世界を作っているのです。

あなたが体験していない世界は「無い」わけではなく、あったとしても、まだ体験という「形」になっていないのです。あなたが体験していない、世界は「可能性」という状態にあります。

可能性とは、まだ体験されていない世界の状態のことです。そして、あなたの体験とは、あなたの魂によって「形」が与えられた世界の姿です。

このことを、ブロック遊びにたとえてみましょう。三角形や四角形や円柱などのばらばらのブロックは、何かの「形」を作ることが可能な素材です。魂は、このブロックを使ってお城を作って、あなたはお城を見るという体験をするのです。

他の魂たちも、同じブロックを持っています。みんな同じブロックを持っており、これは「集合的な魂」の記憶です。同じ「集合的な魂」のグループに属しているのなら、同じ「集合的な魂」の記憶を使うことができます。しかもそのブロックは、グループの全員が、それぞれ個別に同時に使うことも可能なブロックです。

では、「みんなで一緒にお城を見よう」とあなたが声をかけて、グループ全員で一つのお城を作ったとします。その後に、隣の人に「私と同じお城を見ているよね」とあなたが聞いたとしたら、隣の人は「うん。同じお城を見ているよ」と答えるでしょう。同じものを見ているかどうかをどれだけ確かめても、それをどのように映像化しているのかを、お互いに確認することは不可能です。

魂が違えば、「意識の場」が違います。「意識の場」が違うと、そこでの体験が違うので、正確には「同じ映像を見ている」のではないのです。

人が内面で体験していることは、その人だけの体験である

たとえば、「魂を見ることができる」霊能者がいたとします。「死んだ人がそこにいます」と言った場合、その霊能者は、肉体のように魂を見たのでしょうか。また、別の霊能者が「魂が丸く光ってそこにいます」と言った場合、その霊能者は、肉体とは違うものとして魂を見たのでしょうか。

ここでは、どちらかが嘘をついていてどちらかが正しいのか、どちらも嘘をついているのか、嘘をつかないまでも幻想を見ているのか、実はどちらも正しいのか、いろいろと考えられます。

このように考えるのは、魂についての観察を、物質的な世界での肉体の観察と同じように考えているということです。物質的な世界の特徴は、物質の「形」について、お互いに確認し合えることです。肉体には物質的な世界での「形」の情報がしっかりありますが、「形」が定まっていない非物質的なものの観察は、それぞれの「意識の場」で、その魂が表現可能なレベルで形作ることになります。そのため、その人の内

面で体験されていることは、その人だけの体験になってしまうのです。

脳の活動から、「たぶんこのような形を見ているのだろう」という映像を割り出すことは可能でしょう。それでも、その状況そのものが、その人の魂の内側、個人的な「意識の場」での世界の体験であることを忘れてはいけません。つまり、物質的な世界で生きている肉体を持った一人ひとりが、自らの魂の内面に隣の人の肉体をも作り出しながら「見ている」のです。

隣の人は魂のレベルで違う存在なので、あなたが体験を作り出している「意識の場」を超えています。その人にはその人の体験が作り出されている「意識の場」があり、お互いに共有しているのは体験の素材の情報であって、体験そのものではないのです。そのため、肉体の「形」の情報が薄い他の魂についての認知は、霊能者によって違うことがあるのです。

私たちが個々の魂として分離している理由

魂は、思考や感情や肉体や世界といった体験を作り出しています。

なぜ魂はそのような体験を作り出すのかというと、体験には魂が自らの望みを達成することができる価値があるからです。

体験の中心は「自分」という主人公です。この主人公が、精神と肉体と人生という体験を通して何かをしたいのです。どれだけ壮大な物語であっても、必ず「それで何が言いたいのか」というメッセージがあります。物を語っているので、「物語」なのです。

魂が人生の体験を作り出している理由も、物語と同じように「言いたいこと」があるからです。魂が「言いたいこと」が、魂の存在理由です。それは、「他とは違う独立した自分が、自分の選択で自分という存在を作りたい」ということです。

魂は「自分」という概念を作りたいのです。人生という物語の中で、主人公は「自分」が何者なのかを作り上げていくように、その時々のさまざまな選択を通して「自分」であると思える情報を集めます。魂が自らの中に体験される世界を作る理由も、自分が自分の世界の体験を作りたいからなのです。そうでなければ、個々の魂として分離する必要性がないのです。

魂の軸とは、精神的な活動を行う「意識の場」そのもののバランスをとっている軸です。その「意識の場」で体験を通して作られているのは、「自分」という概念的な存在です。概念的な存在は、物語の主人公のように実在しない幻想ではあります。それでも魂は自らの「意識の場」の中で、「自分」ごっこ遊びを続けているのです。

「現実感」とは、思考と感情と肉体と世界によって演出された感覚です。「現実（リアル）」であるかどうかと「現実感（リアリティ）」は別です。あなたが物質的な世界に感じている現実感は、魂が作った体験の一つなのです。

あなたは、あなたとは関係なく独立した客観的な世界が最初にあって、その中に肉体を持って生まれてきたと考えているでしょう。それは「分離の思考」です。魂は、分離によって誕生した「場」なのです。

そのため、多くの個別の魂があるのです。

何かから分離することで、その何かとの関係が「軸」を作ったのです。

魂の軸が意味するのは、魂を超えた何かがあるということです。

妄想した一瞬に、魂が無数に分離した夢の中に入った

魂の軸にもバランスがあり、そこに歪みができてしまうこともあります。魂は分離によって「自分」を作ろうとしているのですが、そのことで、魂を超えた何かとのバランスに歪みが出てしまうのです。

バランスとは、何かと何かの関係のことです。

たとえば、地面と体の関係でバランスをとろうとするなら、地面がどこにあるのかを感じ取らなければなりません。目を閉じている時、体が頼りにするのは重力です。目を開けていても、体は重力との関係でバランスをとっています。ところが、錯覚のように、「見る」ということが狂うと、体と地面との関係は簡単に歪んでしまいます。

魂が自らの軸のバランスで頼りにするのが、ガイドという霊（スピリット）の力です。

そう、魂は霊から分離したかったのです。霊は分離のない全一性（ワンネス）というあり方ですが、そのあり方のままでは「自分」というオリジナルな存在を作ることはできなかったのです。

霊の現実は全一性で、それは分離不可能です。それでも、全一性には全ての可能性があるので、そこには分離という考えも含まれてはいます。霊の現実では分離できなくても、妄想だけなら分離ができます。そして、分離を妄想した一瞬に、個別の魂が無数に分離したという夢の中に入ったのです。

時間を超えた霊の全一性という現実においては、分離など一度も起きたことはありません。それは、今この瞬間もそうです。しかし、無数に分離した夢の中にある視点では、あなたは一つの魂として存在しているのです。

魂は、思考や感情や肉体や世界を自らの内側に作り出して、分離した独自の存在である「自分」という体験を夢見ているのです。しかし、実際には分離など成功していないため、霊と魂の間には、軸としてその関係が保たれています。魂の軸のバランスがとられるということは、霊とのつながりを思い出すということです。霊を思い出すと、「自分」という体験は夢であることを思い出します。

逆に、魂が自ら作り出している夢である「自分」に没頭してしまうと、霊とのつながりを忘れてしまって軸に歪みが生じます。「自分」への没頭は、もっと分離して独自の存在になろうとすることです。分離は夢なので、分離を強化しようとすればするほど、夢の現実感が強くなります。夢に入り込めば入り込むほど、魂の軸は霊からずれてしまうのです。

魂の軸の苦しみは、霊から分離していることから生じる

魂が霊から離れて独自の軸のバランスを作ることは、体が重力に逆らって独自のバランスを作ろうとすることと同じです。そのような体の筋肉や骨には、「苦しみ」が生じ始めます。それと同じように、魂の軸が霊に逆らって独自の存在を作り出そうとすればするほど、そこに「苦しみ」が生じるのです。

霊と魂の関係を体と脳の関係でたとえるなら、脳が夢に没頭するとどうなるか、考えてみるとわかりやすいでしょう。夢を作り出して体験するにしても、脳は体から栄養を与えてもらわなければなりません。夢を見ることだけに集中していると、体から脳への栄養の供給が止まってしまいます。夢を見続けるには、たまに起きて栄養を摂る必要があります。

そのように、霊は魂に生命力を与えています。霊の現実では分離などしていないので、実際には、霊は自分から分離した魂に生命力を与えているのではなく、ただ生命力に溢れているだけです。魂が妄想の中で霊から離れたことにしたので、霊を忘れてつながりが弱くなれば生命力が枯渇してしまうのです。つまり、魂自体に自己破壊的な問題があるだけです。

魂の軸の「苦しみ」は、魂が霊から分離していることから生じます。それは、霊から分離したことで感じる「大いなる霊が分離したことに対して怒っているのではないか」という「恐れ」と、「自分」が分離しているという「孤独感」です。この「恐れ」と「孤独感」は、人生にも表現されます。死や病気、戦争

や人間関係の問題、誰も助けてはくれないといったネガティブな思考など、思考と感情と肉体と世界に映し出されているのです。

肉体の軸の歪みは感じやすくわかりやすいので、癒すことにも意欲が持てます。ところが、精神の軸の歪みになると「自分」という観念が関わってくるので、自動思考や感情に振り回されて、癒しを望む意欲を持つのも大変かもしれません。ましてや魂の軸の歪みについては、感じることも理解することも難しいものです。さらに霊と魂には宗教的な信仰も関わってくるので、そこに癒しを望むには、とても勇気が必要でしょう。

さらに、魂の癒しでは、個人的な魂を超えた「集合的な魂」も関わってくるので、自分だけでは癒しきれないほど大きな歪みがあることに気づき、圧倒されるかもしれません。

癒しとは、心地が良いことばかりではないかもしれません。

あなたがやれることとは、肉体の軸でも精神の軸でも魂の軸でも同じで、「癒し」への意欲を持つことと、霊の自己治癒力でもある「ガイド」を信頼することです。

第4講 まとめ

◉魂とは、記憶や思考や感情や世界の体験といった精神活動を作り出している「意識の場」である。

◉魂が違えば「意識の場」が違うため、個々の魂で体験が違う。

◉魂の目的は、霊から分離して「自分」という存在を作ることである。

◉「自分」に没頭すると分離が強化されて、霊とのつながりに歪みが生じる。

◉魂の軸が歪むと「恐れ」「孤独感」が人生に表現され、精神と肉体の軸の歪みを生じさせる。

第5講 霊（スピリット）の軸の力が癒しを行う

体験するには、分離していなければならない

肉体と精神と魂という、あなた自身に属する三つの軸以外にも大切な軸があります。それは、あなたの存在そのもののバランスをとる霊（スピリット）の軸です。この軸には、他の軸とは違う二つの特徴があります。それは、この軸はあなた個人に属してはいないということと、この軸そのものにあなたを霊に引き戻す力があるということです。

霊の軸は、分離した魂というあり方を超えた軸ですが、魂が霊から「分離の夢」に入りこんだことで自動的にできた軸です。霊自体は全てが一であるという全一性として完全に安定し、完結しているために、バランスをとる必要がありません。この霊を「軸」と表現している理由は、バランスを失うことが可能な魂にあります。

魂は「意識の場」なので、その中で、記憶や思考や感情や感覚や世界や人生といったあらゆる体験が作

霊の軸との関係

① 霊と魂の関係

▲魂は霊の軸に合わせることでバランスがとられる。

② 霊と魂と精神と肉体の軸

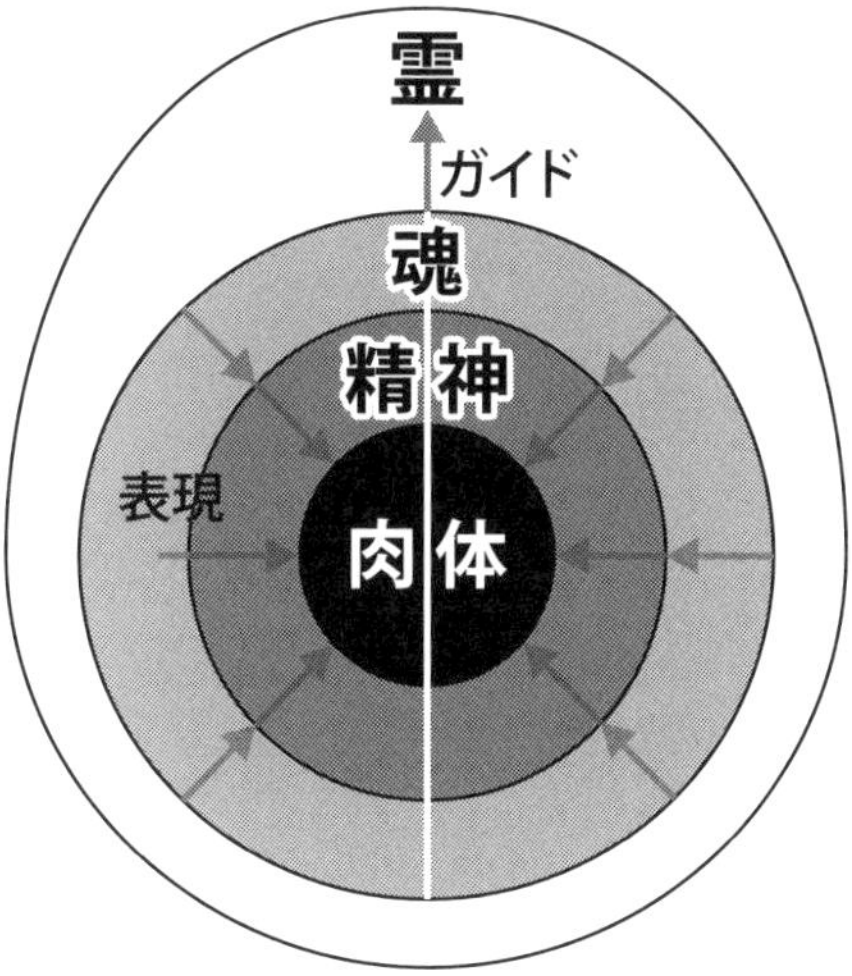

られています。そのため、肉体が死んだとしても魂は死ぬことはありません。

しかし、肉体から出た時にその肉体を見ているあなた自身はどこにいるのでしょうか。あなた自身も魂によって作られた幻想なのでしょうか。だとしたら、あなた自身を作っている魂とは、誰なのでしょうか。他者にも他者の魂があるのなら、その本人を超えたまた別の存在がいることになります。魂が無数にあるように、その別の存在も無数にいることになります。

ここで、「体験」について考えてみましょう。あなたがコップを見るという体験をしている時、そのコップを見るには、コップとあなたが離れていなければいけません。あなた自身がコップだったら、鏡に自らの姿を映してあなた自身から分離させなければ見ることはできません。

体験するには、分離していなければならないのです。

もし、あなたが自分自身の魂を感じることができるなら、魂とあなた自身は分離していることになります。

さて、あなたは自らの魂を感じるという体験をすることはできるでしょうか。もしできるなら、あなたは魂ではないということになります。たぶん、感じられたと思ったものがあるとすれば、心臓の鼓動か、温かい感情か、神秘的な雰囲気かもしれません。ですが、それらは魂そのものではありません。

魂とは、体験を作り出している「意識の場」そのものなので、感じた瞬間に、それは「意識の場」の中で作られたものになります。魂は、自らを自らの中に作ることはできないのです。自分自身を自分自身から切り離すことはできないということです。

「意識の場」は、思考や感情や感覚といったあなたの体験を作り出しています。「意識の場」に現れたら、それはあなたの体験です。つまり、あなた自身は体験を超えた存在でなければいけません。そのため、あなた自身を「意識の場」の中に探しても、どこにもいないのです。自分自身を自分自身から切り離すことはできないので、あなたそのものを「意識の場」の中に探し出すことは決してできません。

あなたが真に癒しを求める時

では、あなた自身はどこにいるのでしょうか。

魂は「意識の場」ですが、「意識の場」を超えた存在があなたであるなら、あなたは魂でもないことになります。あなたという存在自体が魂を超えているのなら、あなたは何なのでしょうか。

あなたは「意識の場」の中で、肉体が自分自身だと思い込むことはできます。でも、夜の夢の中では肉体ではなく、夢の中の登場人物になりきって、それが自分自身だと思い込んでいるでしょう。

肉体から外に出た時には、幽霊のようなものが自分自身だと思い込むこともできます。何も見えなくなっても、何も聞こえなくなっても、何も感じられなくなっても、そこには常にあなた自身がいます。

あなたが自分自身を感じようとすれば、自分の存在感という「感覚」や、感じようとする「思考」として、体験が「意識の場」に作られることでしょう。そして「それらは意識の場の中に作られたものだから自分自身ではない」と否定することもできます。何をしても、何もしなくても、常にあなた自身はあり続けます。あなた自身をどこかに探そうとすれば、その瞬間にあなたは「意識の場」に何かを作り出そうとしてしまいます。

「意識の場」を超えた本来の「自己」を思い出そうとすることは、分離した一つの魂を超えた本質を思い出そうとすることです。その時、あなたは真に癒しを求めたのです。

分離したと思い込んでいる魂は、本質である霊と「霊の軸」によってつながっています。これは、分離は成功していないということを表しています。魂は、霊の軸に従うことで霊のバランスを取り戻し、最終的に、霊の軸の「静寂」に至ります。「静寂」ということは、魂にとっては分離の終わりを意味します。

霊と完全に統合された時、魂は「分離の夢」から覚めて、霊の全一性の中に静かに消えていきます。「終わる」や「消える」といっても、霊の現実においては初めから何も起きていないために、始まってもいないものが終わったり、作られてもいないものが消えることはあり得ません。

分離したと信じている魂にとっては、「終わりは寂しい、消えるのは悲しい」と悲観的になることはできるでしょうが、それは全く間違っています。

そもそも、魂と霊は別の存在ではありません。あなたが夜の夢の中で死んだとしたら、目覚めた時に「怖い夢だったな」と思うかもしれませんが、あなた自身が死んだわけではないことにほっとするはずです。夢でよかったのです。そのように、実際には、霊の現実においては何も起きていないために、「分離の夢」の記憶を思い出すことはありません。何も起きていないということは、その記憶もないということです。

「分離の思考」によって作られた魂が、分離していない霊を知ることはできません。

そのため、霊に統合されてしまったらどうなるのかを想像して怖くなるかもしれませんが、それは霊と魂の関係を考えれば安心できるはずです。

「癒しの道」を導く力が「ガイド」

魂は、霊の軸を通して霊の力を受け取っています。その力がガイドであり、ガイドの作用は「癒し」です。

癒しを恐れるのは自由ですが、癒しは決して怖いものではありません。なぜなら、霊は魂を攻撃していないからです。霊にとって魂とは自分自身のことで、分離に成功した反乱分子などではありません。ただし、正確には、全一性である霊には「自分自身」という認識そのものがありません。

霊は全一性なので、全てが一です。二というあり方は永遠にありません。時間もないので、いつ分離していつ統合されて、いつ生まれていつ死ぬのかといった時間に関わるあらゆることは、永遠にありません。空間もないので、どこから生まれてどこへ向かうのかや、霊が自分自身を鏡に映して見ることも永遠にありません。当然、霊が何かを考えることも、何かをすることも永遠にありません。

「意識の場」でさまざまな体験をしている夢の中では、霊という永遠の全一性について理解することはないでしょう。魂の視点で、全一性をぎりぎり近い概念で理解できるようなものは「無限」でしょう。しかし、無限と永遠は全く違います。

それでは、あなたが決して霊を理解できないのかというと、そうではありません。本来のあなたは「意識の場」を超越した存在なのです。それはつまり、霊が本来の「自己」だということです。

魂を超えている霊を学ぶには、魂のレベルで学ぼうとするのではなく、霊とのつながりによって思い出そうとする必要があります。

「学び」とは、広義には「知らないことを新しく知ること」ですが、霊については、「知っていたけれど忘れたものを思い出すこと」なのです。

霊を思い出すことを「癒し」と言い、分離した「自分」への執着を手放してゆっくりと霊を思い出していく統合の過程のことを「癒しの道」と言います。

そして、「癒しの道」を導く力が「ガイド」なのです。

ガイドは霊の軸に備わっている力で、魂が発揮する力ではありません。魂にあるのは、自らの「意識の場」の中に体験を作り出す力です。

あなたは、「意識の場」の中の体験を強化するか、癒して霊へ戻るのかという選択ができます。

魂の力を使えば体験を作り出すことができるので、しばらくそれを楽しんでもいいのですが、あまりに体験に夢中になると霊の軸からずれて「苦しみ」が表現されてしまうので、注意が必要です。

ガイドの癒しを受け入れるなら、あなたは、霊の軸でバランスがとられることで表現される霊の思い出の体験を通して「癒しの道」を歩き出します。

霊の思い出の体験とは、「愛と命と光」がさまざまな「形」で表現された体験です。

分離した魂として生きていても、あなたのどこかでは癒しを求める想いがあります。

癒しを求める想いとは、「この人生は何か違う、この世界は何か違う、自分とは一体何なのだろうか」という存在の「苦しみ」からやってきます。

この「苦しみ」を感じる理由は、あなたがまだどこかで、霊の「永遠の至福」を覚えているからなのです。

軸のバランスが完全にとられることで至る「静寂」を、あえて別の言葉で表現するなら、「自分の不在」です。

「自分」という夢の終わりが、本来の「自己」への目覚めになるのです。

第5講 まとめ

- ◉霊の軸は、あなたの存在そのもののバランスをとる軸である。
- ◉霊の軸は、あなた個人に属してはいない。
- ◉あなたは「意識の場」を超えた存在である。
- ◉霊の軸そのものに魂を引き戻す力があり、この力のことをガイドと呼ぶ。

ガイドの授業

第2限

霊と魂の関係

本来の「自己」とは「意識の構造」を超えた全一性である

肉体と精神は「分離の夢」の中における「自分」の表現である。

本来の「自己」とは霊であり、そのあり方は「愛と命と光」の全一性（Oneness）である。

第1講

「意識」体と心に影響を与える見えない働きがある

生物は、変化し続けながら生きることを選んだ

この世界では、多くの人が病気にかかっています。理想的な生命の進化を考えるなら、肉体も精神も地球環境と一体となり、バランスを崩したくても崩せないくらいの完全な構造として進化した方が良かったはずです。しかし、実際はバランスを崩して病気になることが可能な、不都合な生体をわざわざ作り出しています。

病気とは、肉体と精神と魂の軸のバランスが崩れた状態です。「苦しみ」とは、「バランスを崩している」ことを意識の表面で認識できるようにした、肉体と精神の健康を維持する仕組みです。ただし、この仕組みは完璧ではなく、「苦しみ」が気持ちよく感じられたり、気持ちよさを追求して病気になったりと、人によって狂うことがあります。

そこで、肉体と精神と魂を超えた信頼できる仕組みが必要となります。

一つひとつのバランスは、より大きなもののバランスの上に整えることで安定します。

肉体一つとっても、そこにはさまざまなバランスが集まっていることがわかります。

一つひとつ独立している小さな細胞も、自らの健康のバランスをとりつつ、他の細胞たちと電気的・化学的な「情報とエネルギー」をやりとりしながら、全体で肉体という巨大な組織のバランスを保っています。

このような全体性の視点で見るなら、多くの複雑な細胞組織によって作られている肉体が日々健康に生きていること自体、奇跡と思えるでしょう。

小さな細胞たちが集まってバランスをとり合い、大きな組織でまたバランスをとり合っているのですから、その中では小さな病気など普通に起きていることでしょう。

生物は、病気のない完全なバランスの上で生きることを手放して、むしろ病気を受け入れて変化し続けながら生きることを選んだのです。それなら、同じ病気であっても、一人ひとりその原因は違い、回復プロセスも違って当たり前です。

肉体は生命活動の結果であり、生命そのものではない

巨大で複雑な仕組みの集合体である肉体には、自らバランスをとり戻す回復力が備わっているようです。

医療は科学なので、治療のために何をしたら良いのかを調べてきました。それでも、生命活動を支えている力についても、自然治癒力についても、生命とはどういうものかについても、意識についても、まだまだわかっていません。

科学的な医療は、「苦しみ」の中にいる人たちを救う、とても素晴らしい振る舞いです。ただし、医療は健康を支えてくれるかもしれませんが、医療が健康を与えてくれるのではありません。人は、まだ何が生命の健康を保っているのかわかっていないのです。

客観的な観測に基づく科学では、表に現れた結果しか確認できないのは仕方がないことです。

客観的な観測とは、「意識の場」ですでに表現された現象を、「意識の場」で表現された観測方法で調べるということです。それは、砂浜につけられた足跡から実体を推測することに似ています。足跡とは物質的なこの世界に表現されたもので、実体とは「意識の場」で世界を作っている肉体を超えた魂のことで、健康とは魂をも超えた霊からやってくる生命力のことです。

つまり、肉体は生命活動の結果であり、生命そのものではないということです。

何者かの意思の結果が生命を作り出している

細胞を構成しているのは、タンパク質、脂質、水、その他の微量の化学物質ですが、実験室のシャーレにそれらを入れても、自動的につながって生命活動を始めることはありません。

そもそも「生命」と「非生命」の境目を、表面的に確認できるようなものでは理解できないでしょう。なぜなら、仕組みを知っても、その仕組みを設計したりメンテナンスしたり可動させたりしている何者かは、客観的に確認できる姿を表さないからです。

遺伝子という仕組みにおいても、その遺伝子を作り出したのが何者かはわかりません。遺伝子が自ら発生したのなら、アデニン、チミン、グアニン、シトシンをシャーレに入れたら自然に遺伝子ができるかというと、そのようなことは起きません。遺伝子も、何者かの意思の結果なのです。

神経のネットワークが道で、そこを走っている電気的信号や化学物質が車なら、道を作り車を運転しているのは誰なのでしょうか。

この問いに答えを見つけようとするなら、生命活動の裏側にある「生きようとする意思」のようなもの、つまりは見えない意識について知らなければなりません。

しかし、意識を客観的に観察することは不可能です。脳を調べたとしても、それは意識の活動の痕跡を調べているに過ぎません。側頭葉では言語の処理が、後頭葉では視覚の処理がなされているように、脳におけるさまざまな処理は、空間的に離れている部分で起きている現象です。それらを認知しているのは、常に一人のあなたです。つまり、脳の活動が、意識そのものを表しているわけではないのです。

体験そのものを作っているのは、私たちの意識

意識は見えませんが、生命活動においては確かに何らかの影響力を持って働いていることはわかるでしょう。それは、「思い込みの効果」からも知ることができます。

意識には「思う」という力があります。「思っただけでは何も変わらない」と言われることが多いかもしれませんが、実際は不思議なことに、体に対しては思っただけでも変化が起きます。この思い込みの効果のことを「プラシーボ」と言います。プラシーボは薬の研究においてその効果の有無を確認するための一つの試験ですが、この試験をする理由は、偽物であっても思い込みだけで体には少なからず変化が起きるという事実があるからです。

たとえば、脳の機能に関わるドーパミンと呼ばれるホルモンがありますが、このホルモンは期待するだけでも増えます。レモンを思い浮かべるだけで出る唾液や、意識を集中させれば熱を作り出すことができる体など、思うだけで体に変化を与えることができます。偽の薬でも「この薬が効くはずだ」と思って飲むだけで、体はそれなりに反応するのです。このプラシーボ現象は、意識の働きを暗示しています。プラシーボは、あなたの体験に意識が変化を与えることを表しています。でも、あなたがしている体験は、そもそもあなたの表面的な意識に現れたものです。つまり、体験とは、あなたの意識が作り出したものなのです。体験を作り出す素材はどこからか集めたものでしょうが、体験そのものを作っているのは、あなた

の意識です。

意識は、自覚しているかどうかは別として、思考や行動、「振る舞い」を司っているので、新しい体験を作り出そうとする働きもあります。絵画、写真、音楽、手芸、執筆、舞踏、演劇、スポーツ、事務仕事も、人が行なっているありとあらゆる活動には、意識が根底にあるのです。

体験を作っているのが意識の働きですが、体験には、体験される対象と体験している者という二つが分けられている必要があります。そして、体験している者を「視点」と呼ぶことがあります。それは、「見ている者の立ち位置」のことであり、「体験している者」と同じ意味を持つからです。

ただし、「見ている」といっても、「視覚」のことではありません。体験には、「見る」だけではなく「聴く」「匂う」「味わう」「感じる」といったさまざまな「感覚」があり、「感情」や「思考」も認識している対象なので、「体験」となります。あなたのありとあらゆる体験は、意識の働きによるものです。

記憶が曖昧になっていくメカニズム

意識は体験を作り出していますが、体験したことを記憶することもしています。記憶は、「記憶する」と「思い出す」がセットだと思われることが多いですが、記憶しても思い出すことが難しいこともあります。

記憶とは、体験を作り出す意識の働きによるものなので、体験に客観性はありません。思い出そうとすれば、意識はその時に新しく体験を作り出し、同時に記憶し直すことになるので、客観的で正確な過去のあの時の記録をしているわけではありません。

記録と記憶は違います。記憶は過去の体験に依存していません。頭で考えたリアルな「妄想の体験」も寝ている時の「夢の体験」も、意識にとっては「体験」ですから、それも記憶されます。あなたが体験するありとあらゆることは意識が作り出しているので、記憶は曖昧になるのです。

「思い出す」という働きは、体験を作り出す働きと同じです。記憶を思い出した途端に、意識にとって現在体験していることと同じ働きをしていることになります。そのため、その時に新しく体験したのと同じように記憶し直すということが起きるのです。

こうして意識は体験を作り出し、体験を記憶し、思い出すたびに体験を作り出して、記憶は曖昧になっていきます。

第1講 まとめ

◉人は、まだ何が生命の健康を保っているのかをわかっていない。

◉意識は、その働きの痕跡なら観測できるが、意識そのものは観測できない。

◉生命活動は意識によって成り立っている。

◉意識には、体験を作り出す働きと体験を記憶する働きがある。

第2講

「意識の構造」

意識のさまざまな領域は、グラデーションとなってつながっている

意図的な思考の「意志」と、自動思考の「意思」

思考には、意図的に思い考えている思考の他に、なんとなく頭に浮かんでくる「自動思考」があります。自動思考とは、あなたが考えようと思っていなくても、普段から頭に浮かんでくる脳の独り言のようなものです。あなたが意図的に考えようとする時には、「意志」という何らかの目的があるでしょう。「意志を持つ」ことは、「何のために考えるのか」という方向性を明らかにすることです。

意志のようなものは、自動思考にもあります。自動思考の場合の方向性を「意思」と呼びます。でも、それはあなたの意識の表面では気づいていないことでしょう。なんとなく頭に浮かんだ考えは、なんとなく見ていたテレビが発端だったかもしれません。それでも、普段からあなたの意識の深い部分で「意思」を持っていなければ、なんとなく見ていたテレビであっても、自動思考は浮かんでこないでしょう。元から持っていない思考は、頑張っても出てこないのです。

▶「意識の構造」

① 表面意識と深層意識

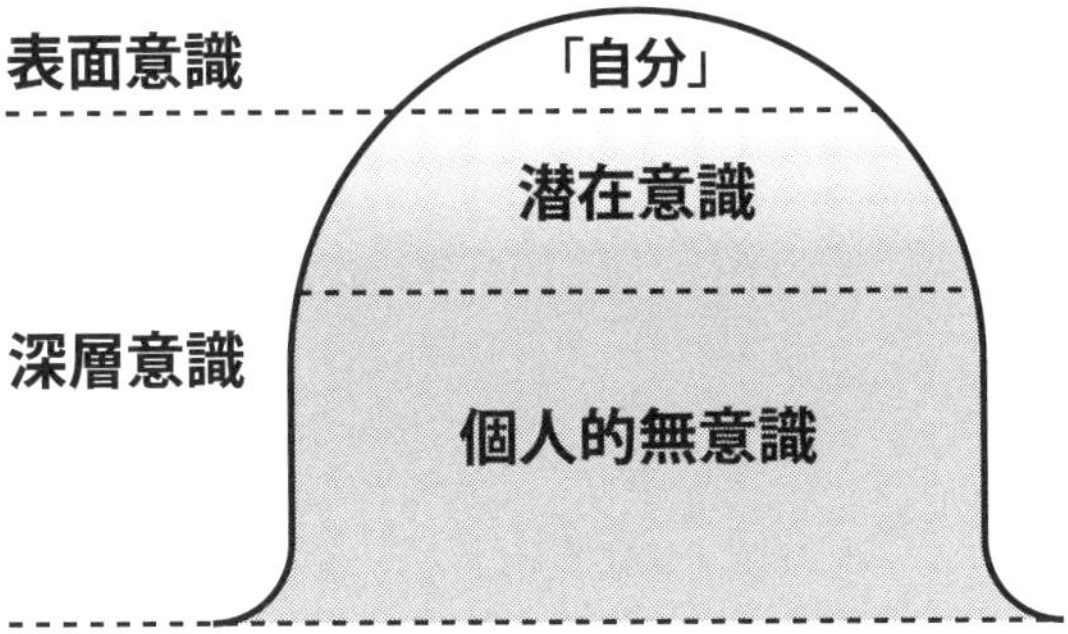

▲ 人には気づいていない深い意識がある。

② 集合的無意識

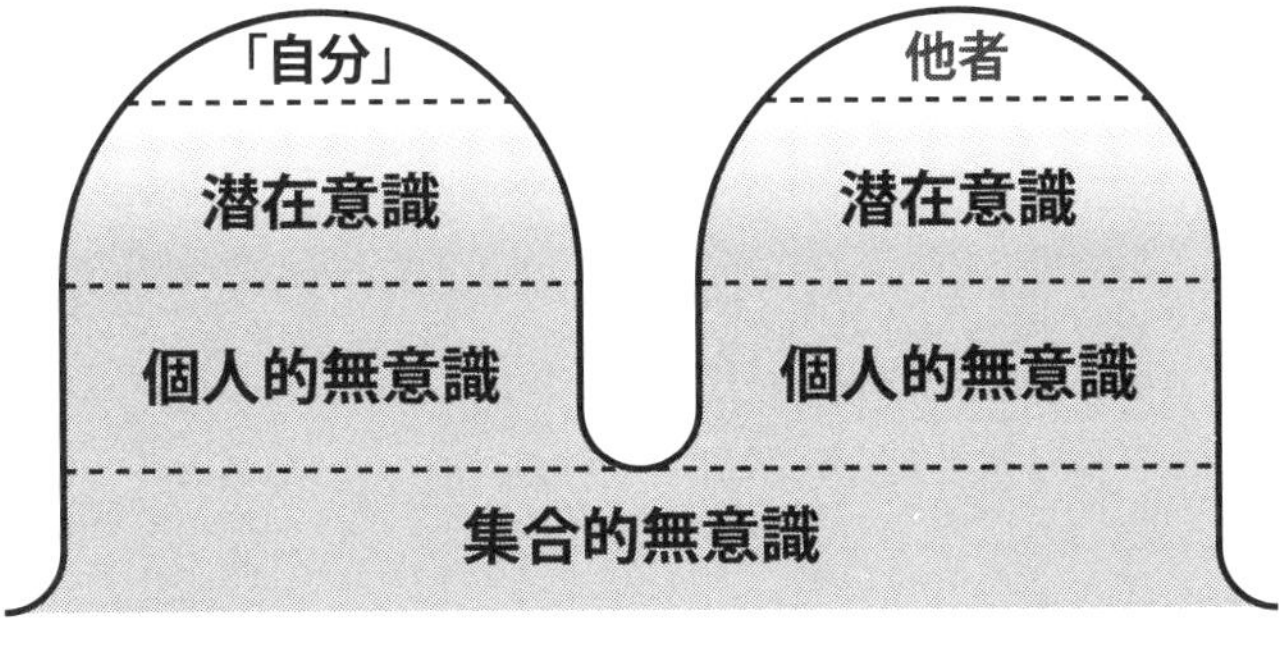

▲ みんな集合的無意識でつながっている。

「表面意識」と「深層意識」

意識には、その考えの内容である「情報」以外にも、「エネルギー」があります。エネルギーには強さと方向性があり、弱いエネルギーだと考えがまとまらずにふらふらと寄り道しますが、強いエネルギーだと膨大な情報を処理でき、現実の体験を変えるほど影響力があります。意志や意思を持つことは、意識にエネルギーを与えるということなのです。

強いエネルギーを持った意識は、「想念」と呼ばれます。魂には、想念が多く記憶されています。

意識には、あなたが普段から気づいている「表面意識」の他にも、普段は自覚できていない「深層意識」があります。目を閉じて、しばらく静かに座ります。そして、聞こえてくる音や体の感覚など表面意識で感じ取れる一つひとつの体験に、意図的に気づき続けるという簡単な瞑想があります。その瞑想をすると、意識は、表面的にはそれほど多くの処理をしていないように思えます。しかし、それは、あなたが表面意識で気づけていないだけのことです。

隠れた深層意識においては、信じられないくらいの膨大な情報を処理しています。表面意識が指先の砂つぶ一つの情報処理だとすると、深層意識は足元の砂浜全部の情報処理ぐらいです。これは、脳の情報処理の範囲を超えているかもしれませんが、意識は脳を超えているので当然のことです。

深層意識には、「潜在意識」と「無意識」がある

表面意識には、「体験する」と「意志を持つ」という二つの働きがあります。深層意識には、「体験を作り出す」と「意思を持つ」という表面意識に関わることだけではなく、「情報の価値を判断する」や「肉体と精神の全体のバランスを保つ」や「他の魂たちとつながる」など、たくさんの働きがあります。

意識の膨大な領域を占めている深層意識には、表面意識から見た二つの領域があります。表面意識から見てすぐ下の、気づこうと思えば気づける「潜在意識」と、表面意識では気づくことがとても難しい「無意識」です。

「潜在意識」は、生まれてからの経験によって蓄積された記憶で構成されており、口癖や人間関係のパターン、住んでいる家や部屋の中、机の上などのあなたの習慣的な行動や動きの癖、生活環境に表現されています。これらは普段の自動思考や感情を分析することでわかります。

反面、「無意識」にあるものは、表面意識に直接上がってくることはありません。そのため、その情報に似ている別のものにたとえるとか、置き換えるとか、映し出すとか、表面意識で理解可能なものに変えて気づくしかないのです。

ただし、あなたは表面意識そのものではないので、無理やり表面意識だけで理解しようとする必要はありません。しかし、それができるようになるには、あなたが表面意識を超越した視点を持っていなければいけません。その方法には、テレパシーやチャネリングや遠隔透視やサイコメトリーや預言など、多くの

名称があります。表面意識を超越するとは、物質的な世界に集中している視点から、魂の知覚を開いた視点に変えるということです。眠っている時の夢の中では魂の知覚は少し開いていますが、起きている時は魂の知覚ではなく肉体の知覚に集中しているのです。

無意識の広大な働きと自由意志

無意識は、表面意識や潜在意識よりも広大で意識のエネルギーもたくさん使っています。

表面意識では、「自分はどうしたいのか、どうありたいのか」という意志を持つことはできますが、せいぜい数分ぐらいしか集中していないでしょう。しかも魂の知覚が開かれていないなら意識の使い方を忘れているでしょうから、エネルギーを強めるのに効果的な集中というのもできないでしょう。

潜在意識は、表面意識と無意識の中間で情報とエネルギーをやり取りしているだけです。それに対して、無意識では、膨大なエネルギーを使うことが容易です。意識の使い方を忘れていない無意識は、とてもうまく集中することができます。無意識が意思を持つと、何時間でも何日でも、そこにエネルギーを注ぎ込むことができるのです。そのため、日常では、ほとんど深層意識の意思によって自動的に動かされているような状態にあるでしょう。

脳の活動の痕跡をよく観察すると、表面意識で体験がされる前に、大半の処理が深層意識によって終わっているように見えます。脳の活動だけで意識を調べようとするなら、人には自由意志などないように思えるかもしれません。しかし、深層意識で「これをしよう」という意思が持たれた後に、表面意識で「やっぱりやめよう」という取り消しの意志を持つことはできます。ただし、軸に歪みが生じると認知は混乱するため、取り消しの意志を持つことも難しくなってしまいます。

自由意志を使うにも、精神や肉体や魂の軸の上での安定が大切なのです。

「個人的無意識」と「集合的無意識」

意識とは、脳の活動のことではありません。肉体とは、魂による「自分」の表現の一つです。言い換えれば、肉体は魂の活動の痕跡なのです。意識を知りたいなら、肉体に現れる痕跡だけを見るのではなく、魂や霊といった範囲まで広げなければなりません。そうすると、表面意識はあなたではないので、自由意志も表面意識にあるのではなく、あなたにあることを思い出すでしょう。

無意識の奥深くには、個の魂を超えて「集合的な魂」とつながっているところがあります。潜在意識に近く個の魂に属している領域を「個人的無意識」、集合的な魂でつながっている領域を「集合的無意識」と呼んでいます。個人的無意識も集合的無意識も明確に区分されているわけではなく、緩やかなグラデーションのように、どちらの魂に属しているのかは不明瞭です。

個人的無意識は、主に肉体と精神と魂の軸のバランスを司っています。遺伝子の情報も細胞同士のやりとりも個人的無意識です。遺伝子は体を作るための情報を持っていますが、この情報は親から子へ代々伝えられます。個人の人生においては、体外の環境の情報も遺伝子に影響を与えているので、このことからも、無意識には個人と集合の二つがあることがわかります。

無意識も潜在意識も表面意識も、互いに影響し合い協調し合って働いています。そのため、表面意識において思うだけでも無意識はちゃんと働いて、精神と肉体に影響を与えることができるのです。これがプラシーボという思い込みの効果です。手に注意を向けて「温かい」と思うだけでも血流はよくなり、実際に手は温かくなってきます。目が疲れて重く充血しているなら、その部分に注意を向けて力を抜いて「リラックスしている状態」を思うだけで、目の奥から軽くなってきます。普段から体の特定の部分に意識を向けることや、その部分の力を抜くといったイメージの訓練をしていると、うまくできるようになります。快適な状態も、イメージの訓練で引き出すことができるようになります。

無意識は表面意識で直接認知することができない意識ですが、一部は潜在意識によって認識可能な体験に変えられているので、間接的には認知可能な意識ではありません。無意識からの情報に気づくことができれば、今の自分の体と心と魂の状態を知ることができます。そして、意志を使って無意識を動かせば、体と心と魂に変化を引き起こすこともできるのです。

「意識の場」には、表面意識、潜在意識、個人的無意識、集合的無意識といったさまざまな領域があります。一つひとつの領域は明確に分かれているのではなく、それらは海面と深海のように緩やかなグラデーションでつながっています。

分かれているように見える一つひとつの魂も、海底では全員が「情報とエネルギー」でつながっているのです。

集合的無意識でつながっている「集合的な魂」も、個人的な魂と同じように、一つの魂の振る舞いを持って生きています。それは、社会や経済、人類の霊的進化に現れているのです。

第2講 まとめ

◉意識には、気づきが現れる表面意識と、その下に隠れている深層意識がある。

◉意識には「情報とエネルギー」があり、強いエネルギーを持つと想念となる。

◉表面意識も深層意識も、意識全体が互いに影響し合い協調し合って働いている。

◉あなたは表面意識ではなく、魂の知覚を開けば意識全体の力をうまく使う方法を思い出す。

第3講

「一つの集合意識」全ての集合的無意識を統合すると一つの意識となる

体験を作り出しているのは、あなたの魂

集合的無意識という視点で見るなら、あなたと隣人は違う人物であっても、同じ「情報とエネルギー」を共有していることになります。同じ地域の者の集合的無意識と他の地域の者の集合的無意識は違うので、たくさんの集合的無意識のグループがあります。あなたが昔は違う地域に住んでいたなら、その違う地域のその時の集合的無意識ともつながっていることになります。

あなたが属している集合的無意識がどのようなものなのかは、集合的無意識によって表現されているものを調べればある程度わかります。それは、家族や友人などの人間関係に現れていたり、国や民族といった社会経済に現れていたり、自然環境や宇宙の現象などに現れています。そこに平和があるとすれば美しさや優しさを見て感謝を感じるでしょうし、そこに問題があるとすれば犯罪や災害を見て恐れを感じるでしょう。

一つの集合意識

③ 集合的無意識のグループ

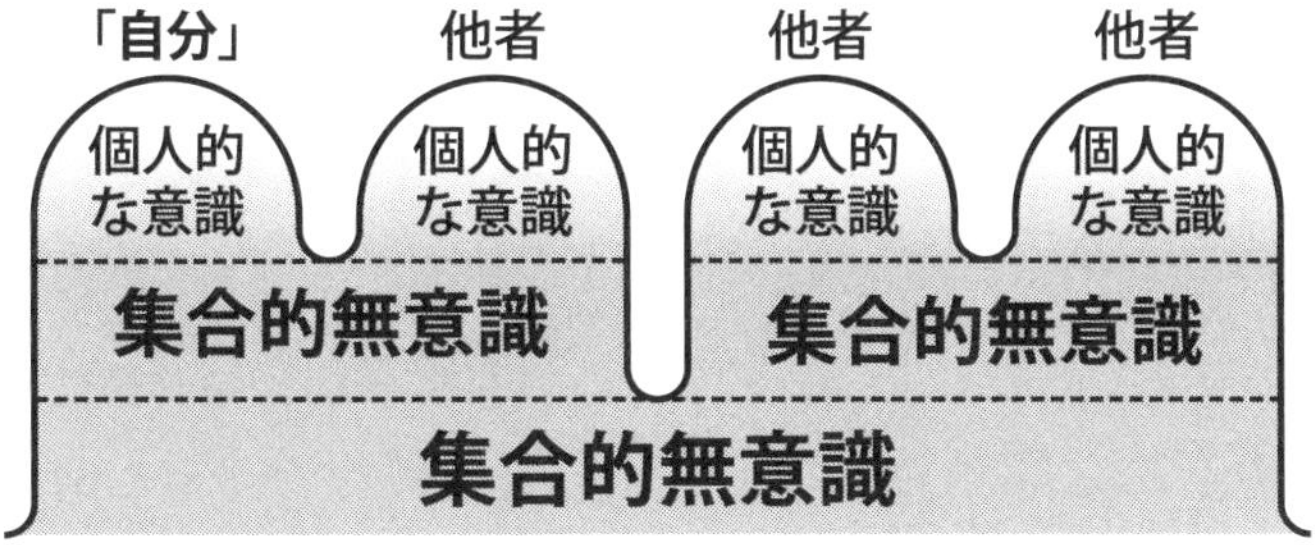

▲ 集合的無意識も他の集合的無意識とつながっている。

④ 一つの純粋な「集合意識」

▶ 全ての集合的無意識をつなげると最終的には一つの純粋な「意識」となる。

このことは、あなたの肉体の外側に客観的な事実があるのではなく、肉体の外側として無意識が表現されているということです。ただし、肉体の外側といっても、そこはまだあなたの「意識の場」の内側の体験です。集合的無意識が持っているのは、あなたの「意識の場」で体験を作り上げるための「情報とエネルギーと集合的な想念」といった素材だけです。そのため、実際の体験を作り出しているのは、あなたの魂なのです。体験していることを攻撃しようとすると、それは自らの「意識の場」に対して攻撃的な想念を持つことになります。攻撃的なエネルギーをあなたが自らの「意識の場」に広げたのなら、その影響は、あなたの肉体と精神に跳ね返って「苦しみ」が表現されます。

このことが、個人と集合の曖昧さにもなっています。

「外側」という言葉は、客観性が重視される科学や、個人の境界が重要となる社会や、日常的な会話において使われる観念です。「外側」という言葉を使っても、体験は自らの「意識の場」で作られていることを忘れないようにしましょう。「癒し」を求めるのなら、どのような状況であろうと、自らの「意識の場」を抜きにして捉えることはできないと知る必要があります。

全てが一つの集合意識にまとまる

地球という単位で見るなら、人だけではなく犬も鳥も魚も草も同じ地球の集合的無意識に属していることがわかります。地球外のどこかの星に住んでいる者がいるなら、その者はその星の集合的無意識に属しています。宇宙という単位で見るなら、この宇宙に存在する全ての者の集合的無意識があります。さらに、この宇宙を超えた別の宇宙の集合的無意識に属する者たちと共通する、もっと大きな集合的無意識もあります。

小さな集合的無意識のグループから空間と時間を超えた大きな集合的無意識のグループまでまとめると、最終的には全てが一つの集合意識となります。

当然、集合的無意識は無意識であるため、魂の知覚で認知できても、表面意識で認知できるものではありません。そもそも無意識とは、表面意識で認知する必要がない処理を行なっている領域です。表面意識では、「自分」という観念を作る上で必要だと思える情報だけを積極的に体験したいのです。そのため、「自分」には必要ない、または「自分」に必要かどうかわからない情報まで全て表面意識に上げてしまうと、何が「自分」なのかがわからなくなります。表面意識に上げる必要のないものは、全て無意識で処理されていた方が都合が良いのです。

ガイドの癒しを受け入れていないときの表面意識では、主に「自分」を作るための情報、「自分」を強くするための情報、「自分」を守るための情報、「自分」を拡大するための情報を積極的に体験しようとします。もし、「自分」にとって必要な情報が無意識にあるならば、その情報は潜在意識の中で認知可能な体験に置き換えられて表面意識に上げられます。無意識にある「情報とエネルギー」には、まだ認知可能な姿がないため、表面意識ではそのまま体験することができないからです。

魂の知覚と歪曲される認知

魂の知覚が開かれているなら、無意識の情報そのものにも気づくことはできます。しかし、気づいたことを、言葉を使って他者に伝えることは、とても難しいでしょう。もし気づくことができたとしても、気づいてから一秒も経たないうちに「自分」が受け入れることができる別の何かに置き換えられることもよくあり、その際に、無意識の情報が歪曲されることが多いのです。

魂の知覚を忘れている場合は、それまでの経験から、さまざまな記憶を蓄えてきた潜在意識において無意識の情報に姿が与えられます。当然、この姿も歪曲されていることが多いです。

なるべく歪曲なく認知したいのなら、気づきに対してあれこれと解釈しないことが大切です。解釈は自動思考に支配されていることが多いため、気づきから一秒も経たないうちに無自覚的に歪曲されてしまいます。

普段から、自らの自動思考に注意を向けて、歪んだ思考であればバランスがとれた適切な思考に意識的に変えていれば、歪曲の影響を減らすことができます。ただし、信仰のような魂の軸に関わる気づきについては、歪曲の影響はなかなか減らすことはできないでしょう。デリケートな修正は、ガイドの癒しに任せるのが安心です。

人類の霊的進化とは、「集合的な魂」の軸の歪みを癒していくプロセス

解釈をしないで知覚されたものに気づくには、気づきがあってもそのままにしておく訓練も有効です。たとえば、何かの音が聞こえたなら、「その音は何の音なのか、どういう意味があるのか」という解釈をせずに、気づいてもそのまま聞き流すという訓練です。実際にやってみると、長時間続けるのはなかなか大変なことだと感じるかもしれません。その理由は、潜在意識は常に「自分」にとってどれほど重要な情

報なのかを査定したがっているからです。

潜在意識は、「自分」を作り上げる要素を選択的に集めてくるように働いています。個人的無意識は集合的無意識とつながっていて、個の魂が集めた「情報とエネルギー」は「集合的な魂」にも蓄積されます。多くの魂が同じような情報を持ち合わせるとエネルギーもどんどん強くなり、集合的な想念になります。やがて「みんなの意思」のように働いて社会全体に表現されてきます。

こうして集合的無意識は個人的無意識にフィードバックする形で影響を与え、全員が抱える問題も個人の体験として表現されてくるのです。社会の問題が、犯罪として現れてくる理由はここにあります。

集合的無意識は、「集合的な魂」の軸に関わっているので、そこに「苦しみ」があるなら、軸の歪みがあるということです。

人類という「集合的な魂」の軸にも、歪みはあるようです。

人類の霊的進化とは、この「集合的な魂」の軸の歪みを癒していくプロセスなのです。

それでも、あなたには自由意志があります。どのような状況であっても、あなたは自らの「あり方」を選択することができます。現状への不満や未来への不安や過去への後悔から「あり方」を決めるのではなく、「本当はどうありたいのか」から「あり方」を決めると、「苦しみ」は少なくなるでしょう。

さらに「癒し」を求めるなら、「自分」で決めるのではなく、ガイドに「あり方」を教えてもらうという最適な選択もあります。ただし、ガイドの癒しを受け入れることができるか否かは、あなたがどれだけ

「自分」を手放しているかによります。「自分」という観念が自分自身だと思い込んでいるうちは、この選択は難しいでしょう。

第3講

まとめ

◉全ての集合的無意識は空間と時間を超えて、最終的には一つの集合意識となる。

◉集合的無意識は家族や友人などの人間関係、国や民族といった社会や経済、自然や宇宙などに表現されている。

◉個の魂が集めた「情報とエネルギー」は「集合的な魂」にも蓄積され、強くなると集合的な想念になる。それは社会全体に表現される。

◉「意識の場」に攻撃的なエネルギーを広げると、肉体と精神の軸を歪ませて「苦しみ」が表現される。

◉「自分」という観念を手放すことで、ガイドの癒しを受け入れることができる。

第4講 エゴという考え

あなたは「分離の思考」によって作られた「分離の夢」の中で「分離の体験」をしている

意識の中で肉体が体験されている

あなたは、表面意識において「世界は客観的に実在していて、自分はそれを体験している」と思い込んでいるでしょう。しかし、「体験は意識の外側からやってきて、表面意識でキャッチされ潜在意識で記憶される」のではありません。この考えの根本的な間違いは、「体験が意識の外側からやってくる」というところにあります。

本当は、深層意識が世界を作り出して表面意識が体験しているので、体験は全て「意識の場」の中で作られています。あなたの肉体の外側があったとしても、意識の外側はありません。肉体の中に意識が入っているのではなく、「意識の中で肉体が体験されている」のです。

同じように、社会や宇宙があなたの意識の外側に広がっているのではなく、あなたの「意識の中に社会や宇宙が表現されている」のです。

霊と魂と「意識の構造」

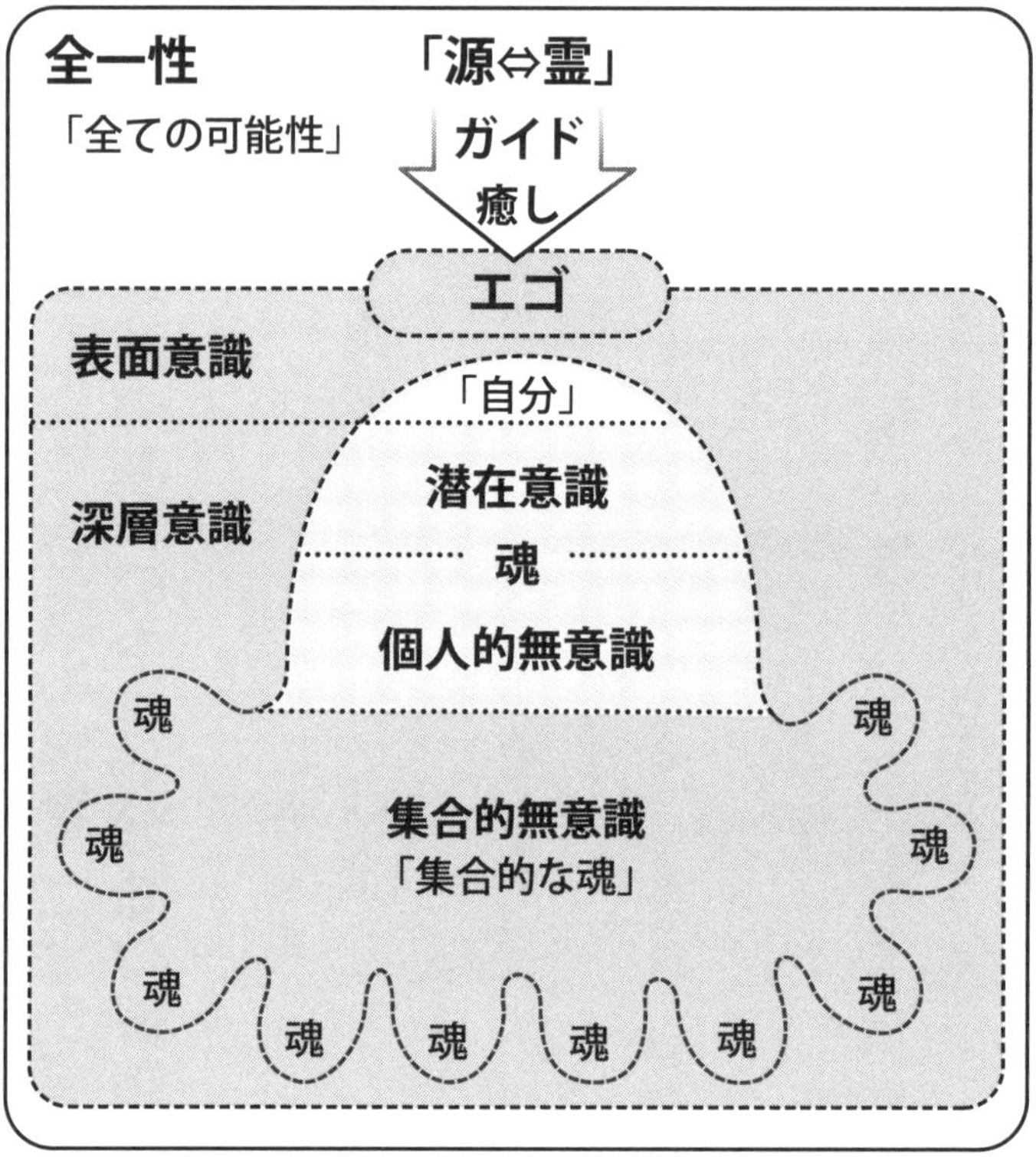

あなたの現状

❶ あなたの**現実**は今も確かに**全一性**に在るが、
↓
❷ そこにある**「全ての可能性」**の中の
↓
❸ **エゴ**という**「分離の思考」**によって作られた
↓
❹ **「分離の夢」**に入り込んで、
↓
❺ **「分離の体験」**に**現実感**を感じている。

信じていなくても、すでにそうあることを変えることはできません。変えようとするなら意志が働いて、また体験される世界が意識の中で作られるだけです。

「意識の場」で作られている世界を一言で表現するなら、「あなたが見ている夢」です。夢の世界を体験しているあなたの肉体も、夢の一部です。それだけではなく、「自分がここにいる」という存在感もまた、夢の一部です。実は、「自分」はどこにいるのかということは、あなた自身とは関係はありません。関係があるのは、「自分」という概念にとってです。

「この世界は夢である」と表現すると、「この世は夢だから価値はない」と聞こえるかもしれませんが、それは大きな間違いです。なぜなら、「自分」にとって価値があるから、このような夢が作られているのです。あなたが見ているこの夢には、あなたの意思が表現されているのです。

「分離の思考」に囚われた魂が見る「自分」という夢

夢の中にある頭をフルに働かせて、夢であることを否定できる何かを探し出そうとするなら、その意志が働いて否定できる何かが作り出されます。使っている頭がすでに夢の一部なので、夢の中では何をしても否定も肯定も難しくなっています。

それでも、意識の仕組みは難しくはないので、理解することは簡単でしょう。問題があるとすれば、あなたが受け入れるかどうかです。魂が見ている「分離の夢」に執着している思考では、到底受け入れることはできないことです。

「自分」とは、そもそも真実を嫌います。他の何者かに定義されるよりも、「自分」で定義したいのです。そのため、「真実などない」という理由づけをします。言葉は定義によって意味を変えます。「真実」という言葉を使ったとき、それをどのように定義しているのかが重要です。ここでいう「真実」とは、「意識の場」で見られている夢を説明するために使っています。

ではなぜ、「自分」は他の何者かに定義されるよりも「自分」で定義したいのでしょうか。

その理由が、魂が分離している理由なのです。

あなたは分離した魂の範囲に意識を合わせて夢を見ていますが、本来の「自己」は霊（スピリット）です。霊の軸とは、「分離の思考」に囚われた魂が「自分」という夢から目覚めて、本来の「自己」である霊に戻るための軸なのです。

表面意識は、「自分」を作り上げる要素を選択的に集めてくるように働いています。「自分」に関わることとは「自分」が決めたいのです。「自分」に関わることを「自分」が決めることが悪いわけではありません。良いや悪いという判断は「分離の思考」に基づいています。

そもそも「自分」とは観念であって、あなたではありません。もともとあなたであるものを、「自分」

という観念で再定義する必要はないはずです。それでも「自分」を「自分」で定義したい意思が働いています。「自分」が納得して「自分」を定義したいということは、幻想に基づいて幻想を定義したいということです。

あなたが作り出した夢の中であなたが何をしようと自由ですが、夢に執着してしまうと、夢の現実感が強くなってしまいます。夢の中に「自分」という新しい軸を作ろうとするため、本来の「自己」である霊と離れてしまい、結果として「苦しみ」が体験されます。

「苦しみ」の中で、「苦しいのは自分のせいではない」と被害者意識を持つのも自由です。確かに「自分」のせいではありません。軸の歪みのせいだからです。「自分」という観念には、軸を歪ませる力はありません。軸を歪ませるのは、夢に囚われている意識です。意識にはエネルギーがあり、その方向性を決めているのは意志や意思です。軸をどうしたいかは、あなたが「どれくらいガイドを受け入れるか」、それとも「どれくらい自分を強化するか」というどちらかの選択にかかっています。

夢の中で「自分」という幻想を信じている

夢は悪くありません。悪いと思って攻撃すると、その影響が「意識の場」に波紋のように広がって「苦しみ」が増してしまいます。「苦しみ」は悪いことではなく、軸が歪んでいる気づきなのです。悪いと罪悪感が生じますが、ただの気づきであれば、選択し直すだけでいいはずです。余計な感情を作り出すと、そこに意識のエネルギーが強くたまり、想念になります。人類の「集合的な魂」の中には、多くの罪悪感の想念が蓄積されています。それらの想念は、夢への執着から作られるのです。

意識は夢を作り出し、同時に体験しています。集合的無意識でつながっている一人ひとりが、自らの「意識の場」に体験される夢を作り出しています。この夢の中では「自分」の外側に他者がいるように見え、その他者も「自分」と同じ世界に住んでいるように見えます。集合的無意識でつながっている全ての魂が、自ら作り出した夢の現実的な体験の中で「自分」という幻想を信じています。

表面意識から集合的無意識までの「意識の構造」は、霊の現実ではありません。霊は全一性というあり方しかなく、表面意識や集合的無意識という分離した構造を作り出すことはしていません。「自分」や他者という視点で捉えることができる分離した魂も、霊が作ったものではありません。

霊にとって意識とは、「全ての可能性」の中の一つでしかありません。そのため、「意識の構造」のどこを探しても、霊の軸は見つかりません。夢の体験の中に、霊へ目覚める術はないのです。個人的無意識も集合的無意識もすでに「分離の夢」の中にあるので、そこを探しても、夢から出る術などないのは当然です。意識は「意識の場」の外側に出ることができないために、「意識の構造」のどこを探しても、決して目覚めることはできません。

意識の中で「自分」として表現されているのは、肉体、精神、そして魂です。集合的無意識があなたを通して表現しているのは、社会や自然環境などです。常に変化し続ける意識の中では、永遠に安定した軸は、どこを探しても見つけることはできません。このことは、「永遠などない」という意味で、この夢の世界では「無」と表現されています。しかし、そこには隠れた主語があることを忘れてはいけません。それは、「この夢の世界に」です。夢を超えた場が夢の中に「無い」のは当たり前です。「永遠」とは霊の現実のことであって、「分離の夢」の中にあるのは、似たもので「無限」ぐらいでしょう。永遠と無限は全く違います。

意識の中にあるさまざまな軸のバランスを整えるには、どうしても安定の基準となる軸が、意識を超えた場にないといけません。その場というのが、霊の現実です。霊は無ではなく、無でも有でもない、それらを超えた全一性です。

魂の軸を霊の軸へ戻す癒しの力が、ガイドです。ガイドは霊の軸を通して、永遠の全一性である「愛」や、生命力や情熱といった「命」や、波紋のように意識全体に広がる「光」を与えます。ガイドを通して霊の軸と一体となることで、肉体と精神と魂は「静寂」に至り、あなたの視点は「分離の夢」から目覚めていくことになります。

霊と魂のアンバランスが「苦しみ」の体験を生む

なぜバランスを崩しやすい「意識の構造」という夢を作り出したのかというと、全一性から分離して「自分」を作り出すには、どうしても「個の魂」としての意識の領域を持つ必要があったからです。それはまるで、大きな白い紙の上に、ペンで小さな丸を描いたようなものです。この丸によって内側と外側が作られると考えるのです。全一性には、紙のような面積がありません。そのため、「分離の思考」で「紙に丸を描いた」という夢を作って、その中に入ったのです。

「分離の思考」は、一瞬生じた「分離の夢」の中に「意識の構造」を作り出し、無数の魂に分離させて、それぞれに「分離の体験」を作り出させることに成功しました。しかし、霊の軸から離れてしまったために、歪みやすい軸となってしまったのです。

今やバランスは、全一性にある霊と分離した魂の葛藤の上にあります。

あなたが霊そのものなら、葛藤などないため、わざわざバランスをとる必要がないはずです。しかし、あなたは分離した魂という夢に執着しているために、霊と魂のバランスをとる必要が生じているのです。これがバランスを崩す恐れを生み出し、アンバランスであることから、「苦しみ」の体験をしている理由なのです。

「エゴの罠」が見せる「分離の夢」

魂を分離させるアイディアのことを「エゴ（自我）」と呼びます。エゴはガイドと敵対する何かの存在でも力でもなく、ただの「分離の思考」というアイディアのことです。

「分離の思考」の目的は、「全一性から分離して、自分が自分を作り出すことはできるだろうか」という思考実験です。ただし、思考は、エネルギーが宿ると意思や意志になります。意思や意志は、「意識の場」の中で夢を作るエネルギーとなります。エゴの意思は「一つひとつ分離した魂」という「分離の夢」を作り、それが「意識の構造」となったのです。

表面意識から集合的無意識までの「意識の構造」を作ったのはエゴです。さらに、エゴはあなたを「意識の構造」に集中させるために、意識を超えた霊に気づけないような心理的な罠を作り出しました。その罠を、「エゴの罠」と呼びます。エゴは「エゴの罠」を使ってあなたに「分離の夢」を作り出させ、その夢の中に閉じ込めて、現実的な「分離の体験」をさせているのです。エゴは集合的無意識から表面意識へ向かう「情報とエネルギー」の流れを作り出して、個々の魂において「自分が自分を作る」という夢を見せ続けているのです。

思考は、価値と判断を作り出す観念を作ります。そして、エゴという「分離の思考」にも、エゴなりの価値と判断があります。エゴにとっては、全一性のような、「分離の概念」で理解できないものは価値を持ちません。「自分」を生み出す仕組みである「意識の構造」を、夢だと否定することも嫌います。

苦しみの夢を体験したいのか、それとも夢から目覚めたいのか

エゴにとっての癒しとは、「自分という存在感が強くなること」です。そのゴールがあるとすれば、「自分が自分の世界の神となる」ことです。

「分離の夢」である世界における他者との出会いは、エゴの癒しにおいては「自分を成長させるための試練」であり、決して「統合されることで自分が消えることができる機会」などではありません。この「分離の夢」を作り上げているエゴの価値判断をもとにして探るなら、決して「分離の夢」から覚めることはないという真実に到達するでしょう。それがエゴの真実です。

こうして、夢の中で無数に分離した魂たちが「自分」を作りながらも、何が「苦しみ」を終わらせる方法なのかを夢の中に探し続けています。残念ながら、夢の中のどこを探しても「苦しみ」を終わらせる方法など見つからないことはすでに決定しています。エゴは、あなたの視点を「決してゴールできない無限の夢」に集中させて、決して目覚めないような仕組みを作り出しているのです。

人類という「集合的な魂」のあり方を見れば、エゴによって見せられている無限の世界という罠に囚われた思想はとても多いのに気づくはずです。「彼ら」が狂っているのではなく、あなたの中にエゴの思考

が表現されているということです。ここに必要なのは、批判でも攻撃でもなく「訂正」です。それは、ガイドによって癒されるものです。

あなたができることは、「苦しみ」に気づいてエゴの罠を見つけ、そこにある攻撃性を知り、ガイドに差し出すことです。「苦しみ」の夢から目覚めたいのであれば、あなたは常に歪みのない問いを持っている必要があります。その問いとは、「苦しみの夢を体験したいのか、それともこの夢から目覚めたいのか」です。

第4講 まとめ

◉エゴとは「全一性から分離して、自分が自分を作り出すことはできるだろうか」という「分離の思考」である。

◉「分離の体験」のために「意識の構造」が作られている。

◉すでに夢の中にある「意識の構造」のどこを探しても、夢から覚める方法は見つからない。

◉エゴの夢から覚めるには、ガイドから与えられる癒しを受け入れるしかない。

第5講

記憶の境界

「自分」と他者の境界、それは肉体と精神と記憶によって分けられている

エゴは「分離の夢」から目覚めないように罠を仕掛け続けている

「意識の構造」の根源には、魂たちに自ら「自分」を作り出させるように働きかけるエゴという思考があります。エゴによって、集合的無意識から個人的無意識へ、そして潜在意識から表面意識に向かっていく「情報とエネルギー」の流れが表現されています。

あなたは霊とのつながりにおいて真に自由な意識を持っているはずですが、エゴによって無自覚的に作り出した体験に集中し、それを現実だと信じています。あなたは無限の時間の連続の中で、肉体を持って生まれ、一つの物語として今世を生き、やがて死に、再び肉体を持って生まれるというパターン化された物語を繰り返しています。

分離のない全一性においては「自分が自分で自分を作り出す」ことは不可能ですが、それを可能であるように思い込ませるために、エゴはあなたに夢見させ続けています。エゴにとっては、全てなかったこと

にして全一性に戻ることは無意味であるだけではなく、決して許されるべき考えではありません。その理由は、「自分」が今ここに存在しているのは、「集合的な魂」の中に記憶され続けている歴史の中で、先祖の多くの犠牲の上に「生きつながれてきた記憶」だからであり、「集合的な魂」のために生きなければならないと信じるからです。この記憶の輪から抜け出すことは「集合的な魂」を裏切ることであり、そのような考えを持つこと自体が罪であるとエゴは教えます。

実際は、「記憶から抜け出す」のではなく「記憶を超越する」のですが、これについてエゴはあなたの思考を混乱させて難しく考えるように仕向けます。このように、あなたが「分離の夢」から決して目覚めないように、エゴは罠を仕掛け続けているのです。

記憶を超越するには、一つひとつの記憶を浄化する必要があります。浄化とは、適切な視点で再び見るということです。その記憶が正しいと信じている間は、そこにガイドの癒しを受け入れることはありません。ガイドが導く癒しのプロセスである「癒しの道」を歩むことで、あなたの中で「何が夢の強化になり、何が霊へと目覚めることになるのか」が明確に認識できる聖なる視点が取り戻され、記憶は浄化されていきます。この聖なる視点のことを、「明晰なスピリチュアリティ」と呼びます。

魂は自らが属している「集合的な魂」の素材を共有する

エゴは最初に「自分と他者」という「分離の体験」をさせるために、あなたに境界を作らせるよう企てました。肉体は皮膚によって内側と外側が分かれているわかりやすい境界の表現であり、精神は「自分」という存在感を際立たせるために、感情や感覚や自動的な思考によって境界を表現しています。

見えない魂にも「自分」と他者との境界があり、それは記憶によって分けられています。記憶の境界は、集合意識という大きな部屋の中に作られたパーテーションのようなものです。自分のパーテーションの中に自分の記憶を蓄積していますが、そこに属している魂たちみんなで共有できる記憶の場所もあります。そこにはみんなが自らの体験を作るのに使える「情報とエネルギー」という素材が置いてあります。これが「集合的な魂」の記憶です。

たとえば、「日本人」という「集合的な魂」に属している個の魂は、「日本文化」という素材を共有しています。春には「初詣やお花見」、夏には「盆踊りや花火大会」、秋には「紅葉狩りや秋祭り」、冬には「クリスマス」など、「日本文化」を土台として個の魂の記憶を作り上げていることがわかります。「クリスマス」は欧米にもありますが、日本における「クリスマス」とは違います。欧米では「キリスト教文化」を素材とした「クリスマス」だからです。素材の違いは、属している「集合的な魂」の違いです。当然、日本と欧米の両方に属している個の魂もいます。

「集合的な魂」の大きな部屋の中では、誰かが大きな声を出せばみんなに伝わります。大きな声とは、強い「想念」のことです。強い想念が繰り返し発されれば、そこにつながる多くの魂がその想念を共有することになります。そうなるとその想念は、「集合的な魂」の想念となります。

エゴがあらゆるところに張り巡らせた罠

魂にとって「自分」とは、蓄えられた「情報とエネルギー」という記憶です。「意識の場」においては、肉体と精神として表現されます。エゴは肉体を通して内側と外側の「分離の体験」をさせることで、「自分」に現実感を持たせているのです。

また、エゴは、「自分」を強化する意欲を自発的に持ってもらうために、「自分」が外側の何かに脅かされ得るという恐れの想念を抱かせるような罠を企てています。さらに、自ら抱いた恐れから「自分」を守るために、「抑圧」や「切り離し」や「否認」という方法を提案しました。どれも「自分」では受け入れられないものを、「自分」から分離させるための心理的な作戦です。

こうして、エゴは魂と精神と肉体のあらゆるところに「分離の体験」を強化する罠を張り巡らせ、全一性よりも「分離の夢」である「自分」に現実感を持たせるような混乱を、あなたに引き起こさせているのです。

エゴにとってこの仕組みは優しさであり、混乱は正常な状態であり、「自分」の強化こそが真のゴールであり、それが癒しなのです。このエゴの思考に同意するとエゴの提案が正しいように錯覚します。

第5講 **まとめ**

◉魂はエゴによって無限の時間の中でパターン化された物語を繰り返し体験している。

◉「分離の夢」から決して目覚めないように、エゴは幾重にも罠を仕掛けている。

◉エゴは「自分と他者」という「分離の体験」をさせるために記憶の境界を作らせた。

第6講

三つの視点
「分離の概念」「全一の概念」「癒しの道」という三つの視点で理解する

全一性と「分離の概念」

霊は常に全一性にあり、霊の現実においては分離などしていません。「分離の思考」に囚われた魂は、どのようなものもアレやコレに分けることによって理解しようとします。そして、アレやコレと分けたものをつなぎ合わせて全体を理解しようとします。このような考え方のことを「分離の概念」と言います。

全一性とは、全てが一つであるさまを表現した言葉ですが、言葉はもともと「分離の概念」で作られているため、「全一性」という言葉も正確に霊を表現できてはいません。

分離の世界の言葉では霊を説明できませんが、あなたの中には今もその記憶が残っているために、思い出そうという意欲があるなら思い出すことが可能です。

少しくらい思い出したとしても、癒しが終わらなければ「分離の夢」から覚めることはありませんが、霊の思い出を持って夢を見ることは可能です。寝ている時の夢の中でも「これは夢だ」と自覚できて、夢

三つの視点

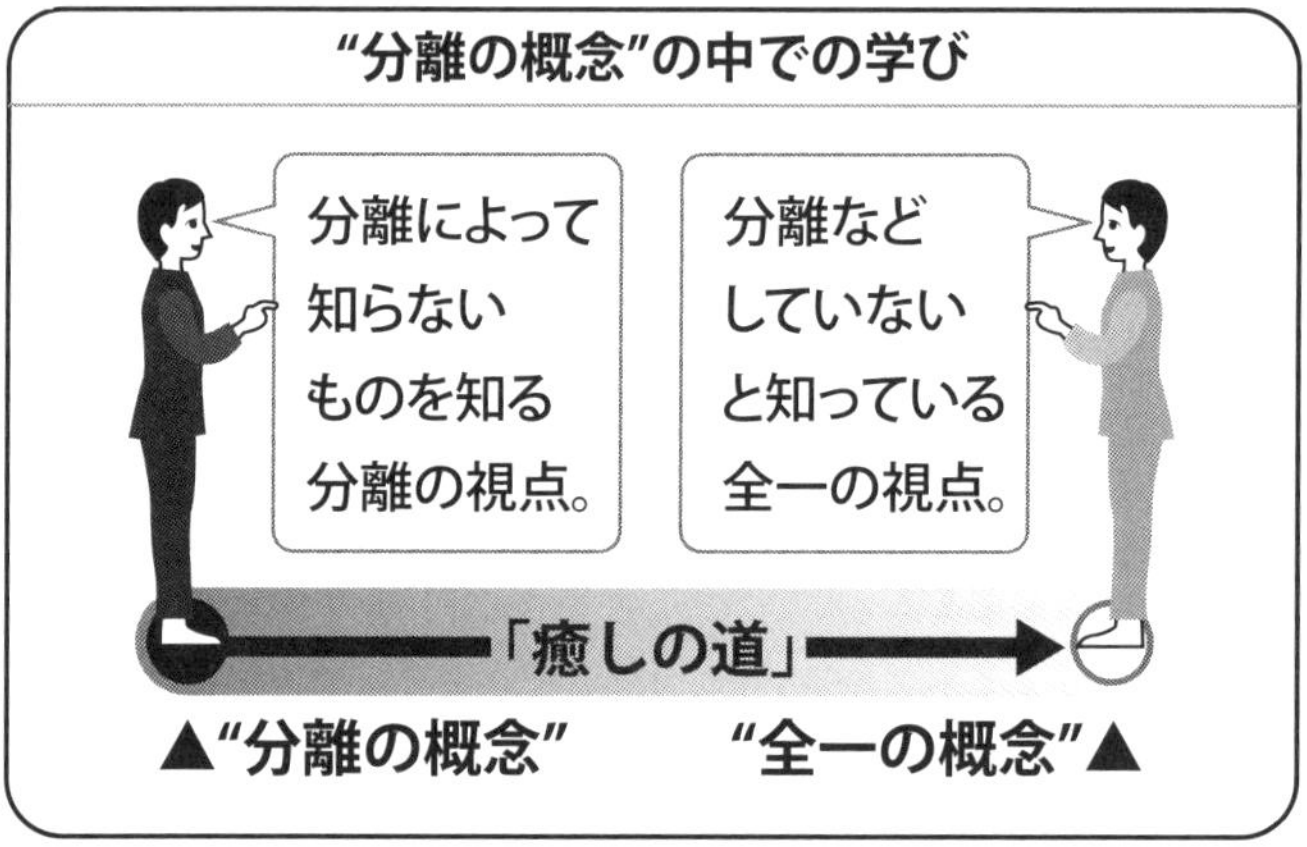

しかし、全一性においては何も起きていない…

それぞれの領域

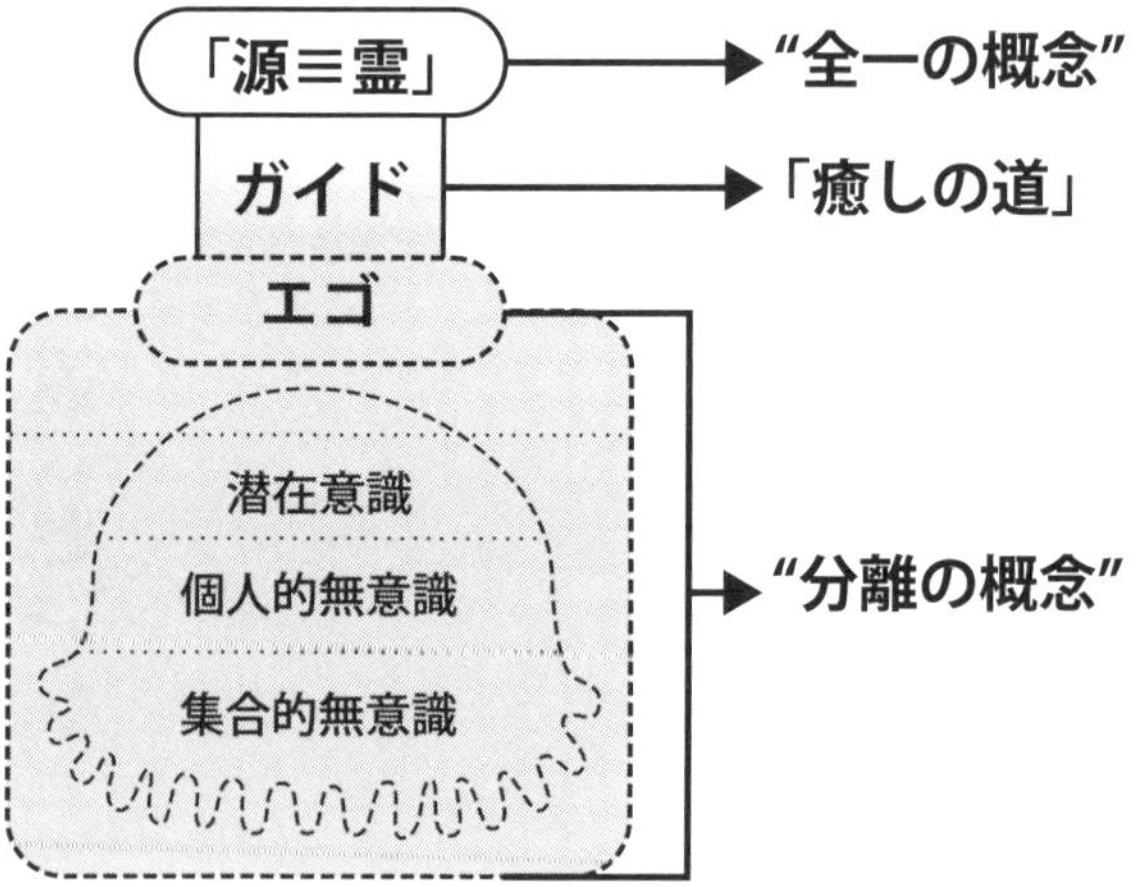

の中でも起きている時のように体験することが可能な「明晰夢」という状態になることができます。「分離の夢」も、「明晰夢」のように霊の思い出を取り戻して、夢を見続ける状態になることは可能です。

全一性を「分離の概念」で理解しようとすると、どうしても最初に「分離したバラバラの要素」を想像し、次に「それらが集まって、全てが一つである」と想像してしまうでしょう。これは要素と要素の間に隙間を想定することで可能となる思考です。これが何でも分離で考える「分離の概念」の特徴なのです。そもそも要素も隙間もない全一性において、「分離したバラバラの要素」や「それらが集まって、全てが一つである」という考えはありません。全一性はそれだけが本質（Essence）であって、要素（Element）に分けることはできないのです。全一性には「空間」もなければ「端」もありません。そのため、一方の端と反対側の端がつながった「閉じた空間」という構造でもありません。全一性にはそもそも構造がないのです。

また、「分離の概念」では、どうしても「始まりがあって今があり、いつか終わりがあるかもしれない」という時間で理解しようとすることもあります。そのため、全一性に対しても「いつ始まったのか」と想像してしまうでしょう。全一性は永遠で時間はありません。しかし、「分離の夢」の中には、永遠であるものを見つけることはできません。一見、永遠のように見えるものでも、よく観察するとそれは「無限」であり、そこには揺らぎがあり、常に生滅を繰り返しています。そこで「分離の概念」では、この世界の本質は揺らぎであると決めつけてしまうこともあります。

この世界は「分離の夢」であって、夢に本質を見つけることはできません。もし、「本質のようなもの」

が見つかったとしたなら、それは全一性の本質ではなく、どこかで全一性の記憶が残っているあなたが、その思い出に、夢の中での姿を与えて表現した作品です。あなたはその作品に、全一性の思い出を見ているに過ぎないのです。

全一性と時間の観念

時間とは観念であり、この観念は「分離の概念」においてのみ想像することが可能です。全一性には時間はありませんが、あえて表現するなら「全ての時間がある」とも言えます。全一性は始まってもいないので終わることもなく、そこに何かの夢があったとしても、その夢は同時に終わってもいるのです。

全一性から見た時間の観念を分離の世界で理解できるように言い換えるならば、ありとあらゆる可能性を表現した無数の映画が保存されている映画館であるとたとえることも可能です。一つひとつの映画は完成していて、そこには始まりがあり、終わりがあります。その映画の隣には、わずかに違うバージョンの映画があり、バージョンは全てそろっています。映画の量が膨大であったとしても、永遠である全一性においては、保存のための場所の問題はありません。この映画館で映画を見ることは可能ですが、霊も全一性なので、一度に全ての映画を同時に見ることになります。全一性には時間もないので、映画は一瞬で同時に始まり同時に終わり、記憶にも残りません。分離していないので、どれか一つだけを見ることはできません。

このたとえ話を読んでも、全一性が楽しいのかどうかはわからないでしょう。そもそも「楽しい」というのは「分離の体験」の一つで、精神の軸があって初めて揺らぐことが可能なので、霊に感情体験はありません。「分離の夢」のことしか知らない視点で全一性を想像しようとしても、それを理解することも、そこに意味を持つことも難しいのです。全一性の価値を、エゴが理解することはありません。

それでも、あなたはこれを読んでいるのだから、癒しには興味があるはずです。癒された先がどうなるのかなど知らなくても、「癒しの道」の途中を楽しむことは可能です。そして、それは平和で幸せな道であることは、ガイドによって保証されています。

全一性を指す言葉と「癒しの道」を学ぶ三つの視点

「ガイドの授業」では、全一性を指す言葉が多く登場します。

それは、「源（みなもと）」、霊（スピリット）、霊の現実、本来の「自己」、「愛と命と光」、「全ての可能性」、「存在の至福」、実相です。

これらは全てが同じものを指していますが「分離の概念」からすると、それぞれのニュアンスが違うので言葉が違うのです。「分離の概念」で無理やり説明するなら、「源」は全一性という場の表現、霊は「全一性の場」にある唯一の存在の表現、本来の「自己」は「意識の構造」におけるエゴ「自我」や「自分」という観念に対して表現された霊の別名、「愛と命と光」は全一性の優しさや豊かさやあり方を一つとして表現したもの、「全ての可能性」は全一性には全ての夢が潜在的にあることの表現、「存在の至福」は存在することに何の「苦しみ」もないという表現、実相は本当のあり方を指している表現です。

「癒しの道」を学ぶにあたっては、三つの視点に注意すれば混乱なく学べるでしょう。

それは、「分離の概念」「全一の概念」「癒しの道」の三つです。

一つ目の視点「分離の概念」は、「分離の夢」の中で慣れ親しんだ視点です。「自分」と他者、情報とエネルギー、時間と空間、男と女、強いものと弱いもの、良いものと悪いもの、というように分離することで理解するのが特徴です。個の魂を体験している者にとって、「分離の概念」はとても理解しやすく納得もしやすいでしょう。

二つ目の視点は、「分離の思考」では理解が難しい「全一の概念」です。全一性は「概念」ではありませんが、「分離の思考」の上で全一性を話すために使われる視点です。

あなたは「分離の夢」に囚われて全一性を忘れたことによって、全一性の視点で世界を見ることが難しくなっています。それでも、「たとえば、全一性において表現したら、たぶんこのようになるだろう」と想像することなら可能です。内も外もない全一性が自らの外側に何かを表現することはないのですが、「分離の思考」で物事を理解しようとするあなたが少しでも思い出しやすいようにサポートするために「全一の概念」は便利な視点となります。

「源」や霊や本来の「自己」などの全一性を指すたくさんの言葉は、「全一の概念」にあります。同じ言葉の表現でも、「全一の概念」にある言葉の定義は、「分離の概念」にある言葉の定義とは違うと思ってください。たとえば、「愛と命と光」という「全一の概念」の言葉は、「分離の概念」における愛や命や光といった言葉とは違う意味です。「愛と命と光」は全一性にあり、「愛」も「命」も「光」も全て同じものを指しています。「全一の概念」にある特殊な意味を持つ言葉なので、混乱しないように「」で括っているのです。

「愛」は、「分離の概念」における愛情とは違い、感じる感情でもなく優しい振る舞いのことでもありません。「命」は、生物のことでも人生のことでも肉体の命のことでもありません。「光」は、太陽の光のような目に見える光線のことではなく、波動エネルギーのことでも明るい未来の意味でもありません。それらは「分離の夢」の中に現れた「愛と命と光」を思い出させる象徴かもしれませんが、象徴は実物ではありません。愛に似ているものも命に似ているものも光に似ているものも、「愛と命と光」そのものではないのです。「愛と命と光」そのものは「意識の場」を超えているので、体験することはできないのです。

同じように、あなたは自らを肉体や精神だと信じることはできても、肉体も精神もあなたそのものではないのです。「意識の場」のどこを探しても、あなたそのものは見つかりません。全一性は、「分離の夢」の中で見たり感じたりと知覚することは不可能なのです。それでも「分離の概念」である言葉を使って全一性を表現しようとする試みを、「全一の概念」と言います。

三つ目の視点は、「癒しの道」です。これは、「分離の思考」に囚われた魂が、ガイドの導きで全一性へと向かう癒しのプロセスの視点です。「分離の概念」では、肉体や精神や魂の軸の解説や「意識の構造」について説明が可能ですが、それを超えて全一性へ導くには、「どのように超えていくのか」という話をすることになります。そこで、「分離の概念」と「全一の概念」を結ぶ視点として、「癒しの道」が必要となっています。

「癒しの道」においては、ガイド、「静寂」、調息、コネクション、責任、観察、受容、誠実、赦罪《しやざい》、赦免《しやめん》、信頼、サレンダー、超越、霊的進化、聖なる目覚め、蘇生、聖なる瞬間といった言葉が使われますが、これらの言葉は特殊な意味を持つものもあるので、注意してください。たとえば、「静寂」はただ静かな状態を指している言葉ではありませんし、「蘇生」とは「霊を思い出す」ことであって「肉体の死から蘇る」ことではありません。

「癒しの道」において、重要なものはガイドです。「全一の概念」にガイドが入っていないのは、ガイドは「癒しの道」においてのみ登場する力だからです。全一性に目覚めるには、どうしてもガイドを頼ることになります。ガイドは全一性に属してはいますが、全一性においては「愛と命と光」そのものになっています。ガイドは全一性に属しながらも、「分離の夢」に働きかけることができる特殊な力なのです。

ガイドの作用について話す時に、「癒しの道」という視点が必要です。「癒しの道」は、「分離の概念」と「全一の概念」を橋渡しするための大切な視点です。

観念が理解を妨げても、ガイドを信頼し学びを進める

霊や魂や癒しの学びは、「分離の概念」「全一の概念」「癒しの道」という三つの視点と、「意識の構造」の範囲を確かめながら進めることで混乱が抑えられます。混乱に注意する理由は、霊や魂や癒しの教えには「エゴの罠」によって歪曲された観念が多いことと、あなたがそれまでどこかで学んできた観念が理解を妨げることが多いからです。

「自分」の中に取り込み同一化した観念は、「自分」の一部のように感じられるものです。たとえガイドの癒しだとしても、観念が訂正される時は、「自分」が否定されたと感じるでしょう。また、「集合的な魂」においても混乱した観念が多く含まれています。それらは信仰や伝統というデリケートな姿で表現されているので、ここに癒しの訂正が入るとなると、集合的な強い防衛が働くことになります。人類の霊的進化という「癒しの道」は、まだまだ続くこともわかります。

「分離の概念」とは決して「悪い」ものではなく、混乱もまた「悪く」はないですが、「苦しみ」を強化するので注意が必要です。

混乱の中でも慌てずガイドを信頼し、三つの視点と「意識の構造」の範囲を確かめながら学びを進めることで、やがて何が「分離の夢」の強化につながり、何が「癒しの道」を歩むことになるのかをしっかり

認識することができる聖なる視点が得られます。その「明晰なスピリチュアリティ」によって、もし「分離の夢」を強化するような観念に出会ったなら、その時に自らの内側にわずかに湧き上がる「苦しみ」に気づくこともできるようになります。「苦しみ」とは、軸の歪みの信号です。「エゴの罠」にかかって霊と魂を結ぶ軸が歪んだので、「苦しみ」という信号が生じたとわかります。

あなたがわずかな「苦しみ」に気づき、ガイドの癒しを受け入れることができたなら、歪んだ魂の軸を霊へと戻すことができるようになります。こうして学びが癒しと共に進んでいくのです。

第6講 まとめ

◉スピリチュアルな学びでは、「分離の概念」「全一の概念」「癒しの道」という三つの視点で整理すると理解の助けとなる。

◉全一性には空間や時間はない。そのような観念を持つことが可能なのは「分離の概念」である。

◉「苦しみ」の信号に気づくことができれば、「癒しの道」へ向かうことができる。

第7講 全一性

「源」、霊、本来の「自己」、「愛と命と光」、「全ての可能性」は全て同じ全一性のことである

霊は「源」の表現であり、あらゆる観念を超えている

本来の「自己」とは霊であり、そのあり方は「愛と命と光」の全一性です。霊は「源（みなもと）」の表現ですが、「源」とは何かということは表現の域を超えています。「源」は、説明することも理解することもできません。「源」にはどのような観念を持ち込むこともできないので、どのような言葉を持ってきても表現はできないのです。「源」という言葉も、「源」の何も表現できていません。「源」は「神」と同じように思っても構いませんが、どのような観念も持ち込めないので、あなたが知っている「神」という観念をも超えていると捉えておいた方が良いでしょう。

「源」は、「有る」とか「居る」とか「存在している」というような表現もできません。「源」の全一性には時間も空間もないため、「霊がいつ表現されたのか、どこに表現されたのか」という観念を持ち込むこともできません。外側や内側もないため、「源が霊を自らの外側、または内側に作った」という観念も持

ち込むことはできません。

霊は「源」によって永遠に保たれていて、そこに歪みが生じることはありません。歪みは分離しているから起きるのです。「源と霊」は全一性であり、そこに分離はないため、「軸とバランス」という関係がないのです。「源」は自らを霊として表現していますが、この言葉も正確ではありません。ここで表現できるのは、「源」とは「霊の源である」ということぐらいです。「源」と霊の関係に似ているものは、魂と「意識の場」でしょう。同じことを別の言葉で表現しているだけです。

あなたの魂の奥にある全一性の記憶

全一性には「全ての可能性」がありますが、どの可能性も現実化されることはありません。霊が現実と呼べるものは、唯一「愛と命と光」の全一性です。ただし、霊の現実とは体験のことではないため、「愛と命と光」を霊が体験しているわけではありません。体験は「分離の夢」の中でのみ可能なのです。意識がなければ体験はなく、意識は「分離の夢」の構造です。全一性においては、「愛と命と光」は「在る」としか言えません。そこに「有るのか、無いのか」という「分離の概念」を持ち込むことはできません。「全ての可能性」の中には、「分離の思考」も確かに含まれてはいます。ただし、本来の「自己」は常に目覚めているので、夢の中に囚われることはありません。「分離の概念」で夢を表現するなら、「一つの思

全一性（Oneness）

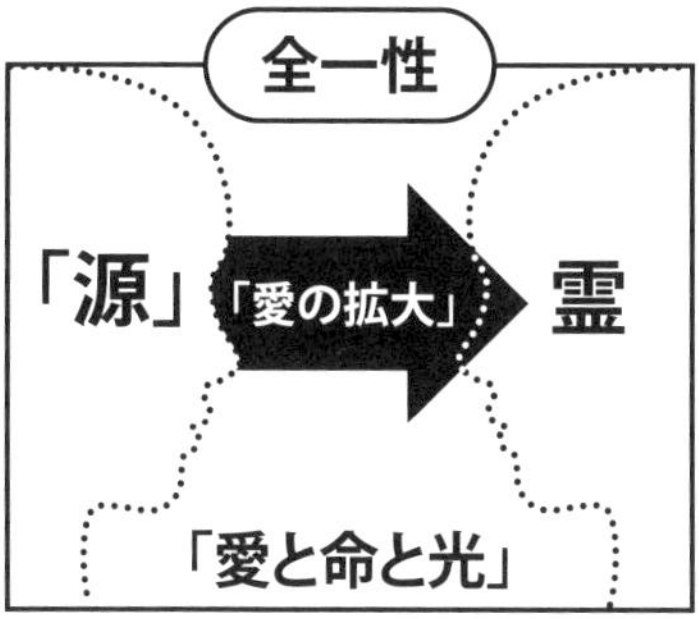

※ここに分離はない

▶本来の「自己」=霊
▶霊＝「源」の延長
▶「源と霊」の在り方＝全一性
▶全一性=「愛と命と光」
▶全一性の状態＝「全ての可能性」
＝
これらは全て同じことを表している。

考において一つの世界が作られ、そこに物語が生まれ、物語の最後に世界は終わる」となるでしょう。しかし、「全一の概念」では「全ての思考において全ての夢の世界はあるのかもしれないが、どの夢もただの可能性に過ぎない」となります。

時間と空間を超えている全一性のことを、時間と空間がある「分離の概念」で表現することは不可能です。しかし、あなたの魂の奥には全一性の記憶が確かにあるために、思い出すことは可能です。

全一性を言葉で表現できなくても、ここに書かれている言葉の先に確かにある本来の「自己」の記憶が、あなたに全一性を思い出させようとしています。言葉の先にある記憶が、その言葉を通して思い出される時に、あなたはその言葉に神聖さを感じることになります。

ここで間違えてはいけないのは、この夢の中に表現されている言葉が神聖なのではなく、あなたの魂の奥に確かにつながっている霊の記憶が神聖さを感じさせるということです。

言葉は「象徴」であり「物語」を表現するのに役立ちますが、

そこに執着すると「象徴と物語」が指している意味を失ってしまいます。夢の中で表現されているどのような「象徴や物語」であっても、執着してしまうと夢の現実感が強化されてしまいます。だからといって「象徴や物語」を攻撃するのも夢への執着の一つであり、やはり夢の現実感を強化してしまいます。本来の「自己」への目覚めという「癒しの道」を歩むなら、夢を攻撃する意味がないのがわかるはずです。

あなたと霊は、本質的に同じである

体験は「分離の思考」においてなされるので、目覚めている本来の「自己」においては、この世界は一度も作られたことはありません。作られたことのない世界で、「あなたが夢の中で苦しんでいる」ことも「苦しみが存在する」ことも霊は知りません。全一性には時間も空間もないため、「軸」もなく、それゆえに「歪む」ことも起こり得ません。そのあり方は、永遠に「愛と命と光」なのです。あなたの「苦しみ」を自らの「苦しみ」によって知る者は、「分離の夢」の中にある意識だけです。

癒しの力であるガイドも全一性に属するために、軸の歪みの上に表現されている「苦しみ」の苦しさを感じて知ることはありません。苦しんでいるのはガイドではなく、あなたです。ガイドは「苦しみ」を見て、苦しむ者に同情して癒すのではありません。同情や心配は癒しではないからです。

ガイドは、あなたの魂にも確かに宿っている「愛と命と光」を知っていて、それをあなたに思い出させるように働きます。「愛と命と光」は全一性の本質であり、たとえ「分離の夢」の中にある魂であっても、その本質は同じ「愛と命と光」です。なぜなら、「分離の概念」で表現するなら「魂も元は霊だった」からであり、「全一の概念」から表現するなら「魂として分離したことなど一度もなく、今も変わらず霊のままである」からです。

あなたと霊は、本質として同じなのです。ガイドは、失われたことなど一度もない本質を、あなたの魂の中に復活させるように作用するのです。癒しとは「健康を知るものが病気を癒す」のであって、「病気を信じるものが病気を癒す」のではありません。軸が歪むことを知っている霊の力が歪んだ魂の軸を元に戻すのではなく、歪むことなど決してない霊の力が魂の軸を元に戻すのです。そのため、すでに病気を知ってしまっている「意識の構造」にあるどの魂も、癒しを行うことは不可能となっているのです。「分離の夢」の中で癒しが可能なのは、唯一、病気になることなど決してないガイドだけです。ガイドによって「愛と命と光」という本質を再び思い出した魂が夢の表現を変えることで、「健康な体験を作る」のが病気の癒しなのです。ガイドが肉体のどこかに入って精神や魂を癒すのではなく、霊と魂のつながりからきて魂を癒し、軸のバランスを思い出した魂が精神と肉体の表現を変えるということなのです。

まとめ

◉本来の「自己」とは「源」の表現である霊であり、そのあり方は「愛と命と光」の全一性である。

◉全一性には「全ての可能性」があり、「分離の思考」もその中の一つであるが、何も起きていない。

◉霊の記憶はあなたの中にもあるため、言葉で理解できなくても思い出すことが可能である。

◉癒しは魂から始まり、次に精神と肉体の表現を変化させる。

ガイドの授業

第3限

ドリーミングの世界

体験は全て
あなたによって夢見られた
結果である

この世界の全ては
エゴという「分離の思考」から始まり、
「分離の夢」の中にある。

夢の外に出るには、
「夢見ていない」ガイドが必要なのだ。

第1講 ドリーミング 世界は、あなたによって夢見られている体験である

この世界の全てはドリーミング

あなたが体験しているこの世界は、「意識の場」で「情報とエネルギー」を素材として作られています。そのため、体験されている全ては「情報とエネルギーと意識（想念）」でできています。この「情報とエネルギーと意識（想念）」を一つにまとめて「ドリーミング（夢見）」と呼びます。

世界は客観的な「情報とエネルギー」だけではなく、それを体験する者の「意識」が関わることで表現されているために、あなたが意識の働きである意志や意思を持つことで体験は変化していきます。

たとえば、リンゴはクエン酸やカリウムや食物繊維、赤く見えるアントシアニンなどの多くの物質によって成り立っていますが、これらはこの世界に表現されたさまざまな「情報とエネルギーと意識（想念）」です。意識とは、それを体験しているあなたの意識もありますが、「集合的な魂」に蓄積された想念もあります。あなたの意識と集合的な想念が、リンゴの体験を作り出しているのです。

ドリーミングの視点

植物だけではなく石や水などの物質も、土地や空間もあなたの肉体も、この世界の全てはドリーミングです。もし、目の前に表現されているドリーミングに「美しさ」を感じるなら、その体験を表現しているのはあなたの意識ですから、あなたの中にその「美しさ」があることになります。ガイドとの日々のつながりによって癒しが進むにつれて、「美しさ」に対する魂の知覚も開かれていきます。やがて歪みのない霊の軸のバランスの中にある「美しさ」に気づく感覚も磨かれていくでしょう。そうして「分離の夢」の中であっても、「愛と命と光」が表現されていることがわかるようになります。

霊の軸から外れて歪んだ軸の上に長い間いると、その歪みの感覚が「自分」だと思えてしまいます。そして、ガイドが間違っていて「自分」が正しいという感覚が生まれます。歪んだ軸に慣れると、「美しさ」の感覚にも歪みが生じ、自らの歪みと同じような歪んだドリーミングに対して「美しさ」を感じてしまうのです。そうなると「苦しみ」に対しても鈍感になってしまい、癒しから離れる原因となります。

あなたの体験は、あなたの魂が作り出したドリーミング

あなたは霊の記憶を忘れて、分離した視点で「自分」の世界を体験しています。そのため、最初に誰かによって作られた客観的な世界があり、「自分」はそこに肉体として生まれてきたと考えているでしょう。しかし、体験されているこの世界は客観的な事実ではなく、あなたは肉体でもありません。

この世界は、あなたの魂のドリーミングです。この世界には、あなた以外にも魂を持った他者が確かに存在しているように見えるかもしれませんが、あなたは他者の魂を直接見ているのではありません。そこに見えているのは、他者の魂そのものではなく、その者とあなたが集合的無意識で共有している「情報とエネルギー」という素材を使って、あなたが作ったドリーミングです。

あなたの体験は、全てあなたの魂が作り出したドリーミングですから、その体験はあなただけの体験です。他者と共有しているのは、あなたがしている体験ではなく、体験の素材となる「情報とエネルギー」で、そこには決まった「形」はありません。これは、「亡くなった人の魂が見える」と言っている霊能者たちの見え方の違いにも共通することです。物質的な世界では、物質的な「形」の「情報とエネルギー」が無いものは、その人の魂の知覚の開き具合とその人のドリーミングの仕方によってさまざまな見え方となります。

もしあなたが夕日を見て「美しい」と感じたとしても、隣にいる他者もあなたと同じように夕日を見て「美しい」と思っているかどうかはわかりません。その他者は、その他者の魂が作り出したドリーミングの世界を体験しているのです。これが「分離の夢」ですが、このことを納得できないほどに「分離の夢」はうまく隠されているのです。あなたは誕生した時からその肉体とその世界のドリーミングに集中しているために、「分離の体験」に疑いを持つことができなくなっています。今も他者と同じ世界を体験していると信じていることでしょう。

全ての体験は、エゴに基づいて作られた「分離の夢」である

世界を体験しているという「分離の夢」は、「分離の思考」であるエゴに基づいて作られています。分離しているからこそ、世界を体験することができているのです。エゴは「独自の存在である自分がここにいる」という体験を作り出すために、分離というトリックを生み出したのです。

エゴそのものは単なる思考であって、「命」を持った存在ではありません。「命」とは、「愛と光」と同じく全一性のことであり、それは霊のあり方のことです。霊のあり方とつながっているのは魂であって、エゴという思考ではありません。単なる思考であるエゴに「命」を分け与えるのは、その思考を選んでいるあなたの魂です。

あなたは分離した一つの魂という体験をしていますが、本質は霊であり、そこにある「命」をエゴに渡して「分離の夢」を作り出しているのです。そして、この事実をすっかり忘れて、「自分」という「分離の体験」に夢中になっているのです。夢中になって霊の現実を忘れてしまっているために、夢の現実感が強くなっているのです。

全ての体験は「分離の夢」であり、あなたが見ている夢はあなたが作っているために、そこに客観的な世界の体験はありません。あなたが体験している世界があなたの魂にとっての現実であって、体験されていない世界は、ドリーミングされていない「可能性」でしかありません。可能性はまだドリーミングされていないので、そこには体験はありません。体験されない可能性は、表面意識においては「無」と認識されます。

複数の可能性のうちの一つがドリーミングされて体験となる

体験されない可能性は、無くなっているわけではありません。たとえば、目の前にカプチーノがあったら、そこには手を伸ばして飲む可能性と、飲まない可能性が同時にあります。もしここで手を伸ばして飲んだとしたら、カプチーノを飲んだ体験があなたの「意識の場」でドリーミングされます。しかし、飲まないという可能性は消えたわけではなく、ただ体験されなかったというだけです。あなたの意識は飲む可能性を選択して体験し、飲まない可能性は可能性のままにしたのです。あなたがカプチーノを飲み終わる頃には、飲まない可能性も同時に終わります。

何かをすると、そこにあった複数の可能性のうちの一つがドリーミングされて体験となります。他の可能性はドリーミングされることなく、同時に過ぎていきます。このことは、パラレルワールドとして知られています。魂は常に無数の可能性の中から自らの目的に合った可能性を選び、それを世界としてドリーミングすることで「自分」の体験をし続けています。

この世界に意味があるとすれば、それはあなたの中にあります。あなたが何らかの目的によって、この世界をドリーミングしたのです。確実に一つわかるのはエゴの目的であり、それは「自分という体験がしたかった」ということです。

世界という夢と「自分」という夢は一つの夢であってそこに分離はないのですが、それでもあなたの外側には「自分」が作った覚えのない世界が広がっているように見えていることでしょう。外側の世界とあなたを分けているのは皮膚かもしれませんが、それは肉体の境界というだけで、あなたの境界ではありません。そもそも「分離の思考」において作られた夢の中で、「外界は存在するのかしないのか」という考えをどれだけ巡らせても答えは見つかりません。なぜなら、「分離の概念」で「分離の夢」を調べても、そこに現れるのは分離の確信しかないからです。

集合的無意識にある、共有されている「元型」

あなたがこの世界を作るために使った集合的無意識で共有されている「情報とエネルギー」は、深層心理学では「元型」と呼ばれています。「元型」とは、たとえばクッキーの形を切り抜く型のようなものです。当然、型はクッキーそのものではありません。実際のクッキーを作っているのは個の魂です。個の魂の深層意識は、クッキーの材料である小麦粉とバターと砂糖と卵を混ぜて型に入れて焼きます。材料も型も「情報とエネルギー」であって、集合的無意識から持ってきたものです。ただし、どんなクッキーが焼き上がるのかはわかりません。あなたは無自覚的にクッキーの焼き加減を変えるかもしれないし、クリームで装飾するなどの独自の表現をするかもしれません。そして、具体的な姿を持って焼き上がったクッキーを、あなたは味わう体験をするのです。

集合的無意識にある「元型」は、そこにつながっている全員が共有しているために、他の魂もあたかも「自分」が体験しているのと同じ世界に同時に存在しているような錯覚を持つことが可能です。「元型」そのものを、個の魂の表面意識が直接「見る」ことはできません。その理由は、個の魂の表面意識が「見る」という体験をしようとすると、その瞬間に魂がドリーミングして、「自分」のクッキーが出来上がってしまうためです。クッキーはドリーミングされなければ表面意識で見たり触れたり食べたりできません。

「元型」は、「情報とエネルギー」だけではなく、それをそのように存在させている「集合的な魂」が記憶している意識（想念）という三つの要素でできています。三つと表現していますが、これらは一体であって、どの要素も分離は不可能です。テレビ番組でたとえると、「情報」はテレビ局が放送している番組で、「エネルギー」は番組を配信している電波やテレビの電源で、「意識」は番組を作っている人たちや見て

ドリーミングの現実感

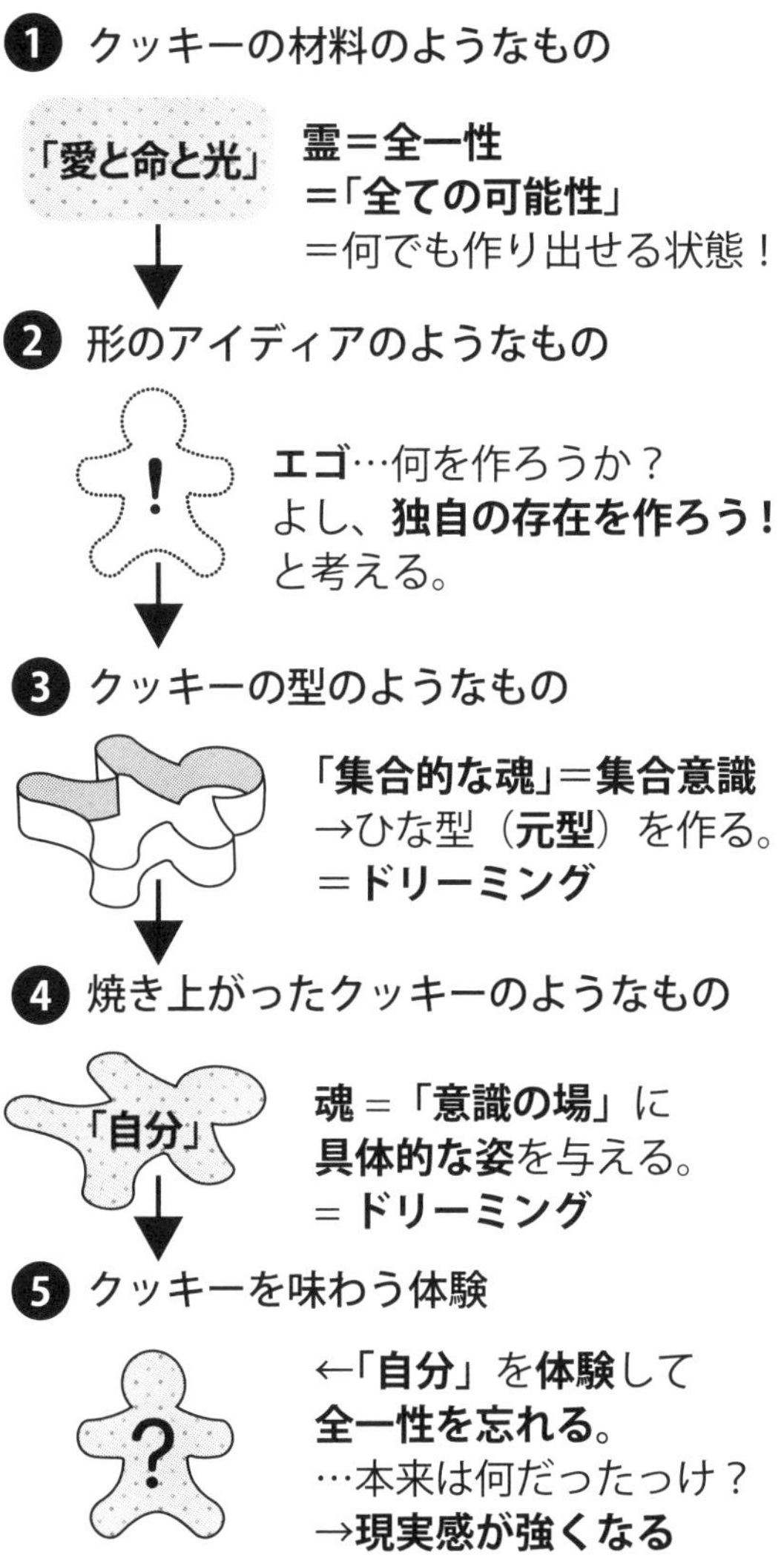

❶ クッキーの材料のようなもの
「愛と命と光」
霊＝全一性
＝「全ての可能性」
＝何でも作り出せる状態！
❷ 形のアイディアのようなもの
！
エゴ…何を作ろうか？
よし、独自の存在を作ろう！
と考える。
❸ クッキーの型のようなもの
「集合的な魂」＝集合意識
→ひな型（元型）を作る。
＝ドリーミング
❹ 焼き上がったクッキーのようなもの
「自分」
魂＝「意識の場」に
具体的な姿を与える。
＝ドリーミング
❺ クッキーを味わう体験
？
←「自分」を体験して
全一性を忘れる。
…本来は何だったっけ？
→現実感が強くなる

いる視聴者です。「番組を作っている人」は無意識も含めた想念を持つ魂で、「見ている本人」は体験している表面的な意識です。

魂の知覚が個から集合へ開かれれば、それはもう個の魂の表面意識において無意識ではなくなるため、「元型」そのものを知覚することが可能となります。ただし、そうなると「元型」は「個の魂が具体的なイメージを作り出すために使う型」という認識ではなくなり、「さまざまなイメージを生み出す情報とエネルギー」という「集合的な魂」における抽象的な認識となります。このことは、魂の知覚が開かれていない個の魂では理解不可能です。個の魂が「元型」につながろうとすると、どうしても自らの「意識」を注いでしまい、具体的なイメージを作り出してしまうのです。

全てはあなたが作った「情報とエネルギーと意識（想念）」の作品

あなたの体験は、常にあなたの魂が作っています。あなたが体験している音も匂いも肉体の感覚も見ている景色も、体験されている全ては「情報とエネルギー」とあなたの「意識」でできています。そして「情報とエネルギーと意識（想念）」は一つであって分離はできないのです。どれほど「一つである」と伝えても、「分離の思考」においては理解のためにそれぞれの要素をバラバラに見ようとしてしまいます。同じものであっても、「情報」として見るのか「エネルギー」として見るのか「意識」として見るのかによって意味が変わるように思えるからです。

「分離の概念」においては、見え方が変われば意味も変わってきます。意味が変われば考え方も変わります。このことは、病気という現象においても同じです。肉体を「情報」として見るのか「エネルギー」として見るのか「意識」として見るのかによって、病気も「肉体や精神の異常」と見るか、「健康の表現の一つ」と見るか、「悪いもの」と見るかで意味が変わってきます。

たとえ「分離の概念」で見たとしても、「情報とエネルギーと意識（想念）」の全ての側面を一つひとつチェックしていけば、そこに表現されている現象の理解は深くなることでしょう。ただし、病気や事故や他者の死などのようにあなたがネガティブだと決めつけているものに対しては、なかなか理解できないかもしれません。理解できないのは、「世界は自分の外側に客観的に存在している」という「分離の概念」を信じて、「自分」を世界や他者から切り離し、「自らの心を守らなければならない」というエゴの提案を受け入れざるを得なかったからでしょう。

「守らなければならない」と信じているなら、「脅かされる」ことを信じています。このことは、全一性から分離するという選択をした時点で生じた、根源的な「恐れ」につながっています。あなたは「他者とは違う自分である」ことと引き換えに、永遠の平和である「静寂」を失ったのです。これは全てエゴによる「分離の夢」の中の思い込みですが、夢を現実的に体験している魂にとっては決して笑えるものではありません。

あなたの気持ちがどうであれ、あなたが体験しているこの世界も、あなたが見ている他者の姿も、全てはあなたが作った「情報とエネルギーと意識（想念）」の作品です。全ての体験はあなたによって「夢見られている」という意味で、この世界はドリーミングなのです。

ドリーミングという言葉は、「見られている夢」を指す名詞でもありますが、「夢見ること」を指す動詞でもあります。意識においては「見られている夢」も「夢見ること」も同じであり、そこに分離はありません。また、「夢見る者」と「見られている夢」も同じであって、そこに分離はありません。

「恐れの拡大」と「愛の拡大」

個の魂が集合的無意識にアップロードした想念は「元型」に影響を与え、その「元型」を使った他の魂のドリーミングに少なからず影響を与えます。個の魂の「恐れ」が集合的無意識にアップロードされ、他の魂たちに影響を与えるようになると、それは「集合的な魂」の「恐れ」となります。これを、「恐れの拡大」と言います。

逆に、個の魂がガイドによって癒され、霊の記憶が取り戻されていく過程において拡大されるのは「愛」です。「愛の拡大」は「集合的な魂」の癒しにつながります。つまり、誰かの「恐れ」はその魂だけを苦しめるのではなく、そこに属する多くの魂の「苦しみ」として拡大し、誰かの癒しはその魂だけの癒しだけではなく、そこに属する多くの魂の癒しにつながるということです。

だからといって、意図的に集合的無意識を癒そうとする必要はまだありませんし、それをすると、癒しを拒む魂たちが「恐れの拡大」を始めるかもしれません。「集合的な魂」の癒しにとりかかれるのは、魂の知覚が開かれて「集合的な魂」の「苦しみ」を認識できた時です。それでも、癒しはガイドの役割であることに変わりはありません。

どのようなドリーミングも、「恐れの拡大」か「愛の拡大」のどちらかの方向性を持っています。その体験がなぜドリーミングされたのかという理由は、ドリーミングしているあなたにあります。今は自覚がないかもしれませんが、あなたの中に「表現したいこと」があるからドリーミングされているのです。その「表現したいこと」の目的に、「恐れの拡大」か「愛の拡大」が関わっているのです。

どのようなドリーミングも必ず意味があって作られていますが、表面意識では感じたくない「恐れ」があるときは、簡単に理解できるものではないかもしれません。あなたの魂は「表現したいこと」に姿を与え、表面意識では「自分」は知らなかったかのように体験するのです。

ドリーミングしているのは魂であり、魂はこの世界を超えているので、ドリーミングの意味はこの世界を超えていることがあります。この世界を超えた意味は、この世界に縛られた思考では理解できません。理解できないために、あなたにはドリーミングが客観的なものに思え、外側から「自分」の方へやって来るように認知してしまうのです。ドリーミングの意味が表面意識で理解できないのは、あえて理解させないように無意識で操作しているからでもあります。

この世界を超えた魂における「恐れ」とは分離の根源的な「恐れ」ですから、表面意識で感じてしまったら到底耐えられないと思っているのです。また、魂における「愛」の想いは霊の思い出から来るので、それを表面意識で感じてしまったら到底耐えられないという「恐れ」もあります。

この「分離の思考」は、肉体と精神の認知においても起きています。あなたは「先に肉体が作られ、魂は肉体に宿って、肉体の外にはオーラが出ていて、オーラは肉体や精神の状態を表現している」と考えているかもしれません。このことは、「分離の概念」で理解しやすく納得もしやすいでしょう。本当は、肉体も精神もオーラも全て魂の中のドリーミングなのですが、理解が難しいことよりも理解しやすいものに同意するのは仕方がないことです。探し物をしている時に、なくした場所よりも、探しやすい場所を探したい気持ちがあるようなものです。

「分離の夢」が生む、魂の「苦しみ」

「分離の夢」では、あなたは時間の中にいます。あなたが誕生する時間の前にも時間はあり、そこには分離した個々の存在としての親や「神」がいます。あなたの肉体が無くなった後の時間にも、分離した未来の存在たちがいます。あなたが死んだ後にもこの世界は続き、未来の者たちはあなたがまだできない体験をすると考えます。「神」、先祖、「自分」と他者、子孫は一つの時間の上に並んでいる別々の存在です。「分離の概念」で考えるなら、この世界はあなたが作ったのではないし、肉体はあなたが作ったのではないでしょう。あなたに「苦しみ」があるのであれば、「苦しみ」を感じる肉体や精神や「苦しみ」を生み出す社会や環境を作り出した誰かを責めることもできます。

生物の進化を考えれば、その時そのように進化した祖先が、今のあなたに「苦しみ」を体験させていることになります。どうしてガンになることのない体で進化しなかったのか、どうして肩こりのない体の構造で進化しなかったのか、どうして空が飛べるように進化しなかったのかと考えることもできます。

あなたは肉体ではありませんが、肉体の中に閉じ込められて生きています。そして、その脆い肉体を作ったのは親であり祖先であり「神」ということになります。ここに病気や怪我や死の「苦しみ」があるのなら、そのような「苦しみ」を体験するような牢獄にあなたを入れたのは、親や祖先や「神」ということになります。

「分離の概念」で考えるなら、肉体ひとつとっても、そこにはどうすることもできない「苦しみ」の仕組みが作られているということがよくわかるでしょう。肉体は自分ではないと信じたとしても、それでも自分が全ての原因であることを受け入れることはできません。このように「分離の概念」を土台として「苦しみ」の原因を考えると、やがてそのことを考えている自分自身が悪い存在であるようにも思えてくるかもしれません。この思考は最終的には「答えなどないのだ」と開き直り、「分離の夢」を無自覚的に受け入れるしかなくなります。これは切り離しと抑圧という選択です。たとえ切り離しと抑圧が成功しても、霊の軸から離れた魂の「苦しみ」が続いているのには変わりません。

夢が夢を触っても、夢か現実かを見分けられない

肉体は、ドリーミングによる「自分」のひとつの表現です。エゴによって生じる『分離の体験』をしたい」という意思は、「自分」と他者を分けることから始まります。個の魂は、「自分」という観念に実在感を持たせるために、精神と肉体とそれらが存在する世界をドリーミングし、その中に入り込んでいます。つまり、先に肉体が作られて魂がそこに宿っているのではなく、魂の中に「自分」の姿としての精神と肉体がドリーミングされているのです。

オーラというのは肉体の外に出ている非物質的な何かではなく、精神と肉体が表現されている「場」を作っている非物質的なドリーミングのことなのです。オーラのような非物質的なドリーミングの「場」は、肉体だけではなく、生物でもない物にも土地にも世界のあらゆるところにあります。そして、それらをドリーミングしているのは、それらを見るという体験をしている魂です。どのような体験も全てドリーミングであり、知覚されるのは魂によって与えられた夢の姿なのです。

それでも、表面意識ではこのような深層意識での働きを知ることはないために、「世界は自分の外側に客観的に存在していて、自分は常に体験させられている側である」と信じてしまいます。あなたの目の前にコップがあったなら、そのコップはあなたの魂が作っているドリーミングなのですが、同じようにあなたの魂が作っているドリーミングの手で触れても、それが夢であることに気づくことはありません。夢が夢を触っても、夢か現実かを見分けられないのです。

体験は、「意識の場」の中でドリーミングによって生じています。ドリーミングは、「情報とエネルギー」と意識（想念）が一つとなっている体験です。そこから何か一つでも抜けると、体験自体が消えてしまいます。体験自体が消えるということは、「体験した」記憶も一緒に消えるということです。過去の記憶も、今ここにドリーミングされた結果なのです。

魂はこの世界をドリーミングしているので、この世界のあちらこちらに記憶を見ることができます。あなたが知っている記憶とは、脳の中に保存されている過去に体験したことや学んだことでしょう。本来、記憶とは、魂に保存されている「情報とエネルギー」のことです。脳の障害で記憶を取り出せなくなることはあっても、その記憶自体が消えたわけではありません。その世界で一生記憶を取り出せなくなったとしても、その世界を超えた魂には、まだ記憶が残っているのです。もし、魂において記憶がなくなったのであれば、そのような世界など、もとから存在していなかったことになります。それは、集合的無意識につながる全ての魂の記憶から消えたということでもあり、その記憶の痕跡も残りません。

癒しは希望でもあり喜びでもあるはずですが、あなたは「この分野は癒してほしいけれど、この分野はまだ癒さないでほしい」とコントロールしています。なぜなら、あなたはまだドリーミングの世界が気に入っているからです。嫌なことはあっても、この世界に大切なものがまだまだたくさんあるからです。また、この世界や人生に対しての「恐れ」に、まだまだ現実感があるからです。

あなたはドリーミングの世界に感情的な執着が強く残っているので、ガイドの癒しを全面的に受け入れることを拒んでいるのです。

そのことが悪いわけではありません。それで良いので、日々少しずつでもガイドの癒しを求めれば、少しずつでも確実に「癒しの道」は進んでいきます。

第1講 まとめ

◉体験とは、あなたの魂のドリーミング「情報とエネルギーと意識（想念）」である。

◉個の魂は、集合的無意識に記憶されている「元型」にエネルギーを流し込んで、世界をドリーミングしている。

◉個の魂の「恐れ」が集合的無意識にアップロードされ、他の魂たちに影響を与えるようになると、それは「集合的な魂」の「恐れ」となる。これを「恐れの拡大」という。

◉個の魂がガイドによって癒され、霊の記憶が取り戻されていく過程において「愛の拡大」が起こり、それは「集合的な魂」の癒しにつながる。

◉時間もドリーミングであり、過去の記憶も今ここにドリーミングされている。

◉記憶とは、魂に保存されている「情報とエネルギー」のことである。

第2講

ドリーミングを学ぶ理由

ドリーミングの「情報とエネルギーと意識（想念）」の本質は、全一性の「愛と命と光」である

ドリーミングを学ぶことは、全一性への気づきを促す

ドリーミングを学ぶ理由は、「明晰なスピリチュアリティ」という聖なる視点を持って「癒しの道」を歩むためです。ドリーミングとは何なのか、何がドリーミングへの執着となるのかを知っておくと、「分離の体験」を強化する「エゴの罠」を見つけるのに役に立ちます。また、「意識の場」で表現していることが、「恐れの拡大」になっているのか「愛の拡大」になっているのかを知るのにも役に立ちます。

あなたが「ドリーミングの外に出なければならない」と教えているのではありません。ドリーミングを知ることで、あなたが無自覚的に自らを攻撃しないように注意できるということを教えているのです。

ドリーミングはあなたが作っているので、ドリーミングを攻撃すれば、あなた自身を攻撃することになります。それは無自覚的に「苦しみ」の原因を作っているということです。

ドリーミングについて知ることで、自らの魂の働きについてもよく知ることができます。魂は何をしているのかがわかれば、逆に魂には何ができないのかもわかります。それによって、ガイドの大切さもわかるのです。

ドリーミングへの執着は「分離の夢」を強化して「苦しみ」を生み出しますが、ドリーミングの正体を知ってしまえば、そのような「苦しみ」の夢から正気に戻るための意志を持つことができます。意志とは意識のエネルギーに方向を与えることなので、正気に戻る意志とは、「癒しの道」へ向くということです。

あなたが完全に夢から目覚めなかったとしても、あなたの体験している夢に、「愛と命と光」の輝きが体験され始めます。こうして、「霊の全一性へ目覚める」という、理解も体験もできないことへの恐れを手放すことができるようになります。

ドリーミングを学ぶことは、「意識の構造」を超えた全一性への気づきを促すのに役立つのです。

体験は全てエゴが作り出しているドリーミング

エゴによって分離した個の魂は、集合的無意識に記憶されている「元型」を使って世界をドリーミングします。個の魂のうちの個人的無意識と潜在意識が世界をドリーミングし、表面意識がそれを体験しています。このように、ドリーミングはエゴに属しています。ただし、実際は「夢」と「夢を見ている自分自身の視点」は一体であるために、そこに分離はありません。実際は分離していないものを、分離しているように演出することで、体験を作っているのがエゴなのです。エゴがなければ体験がないのです。

「見た、聞こえた、匂った、触った、思った」という体験は全てドリーミングです。「自分がここにいる」という「存在感」も体験なので、ドリーミングです。ドリーミングを学ぶことで、自覚している「自分」も、魂が作り出していることがわかるようになります。また、魂には、体験を作り出す力が備わっていることもわかります。魂の力をうまく利用できれば、世界も人生の体験も変えることができるとわかるでしょう。

さらにドリーミングを理解することで、それを生み出している魂が力を受け取っている霊の存在についても気づけるようになります。そして、本質である霊こそが本来の「自己」であり、魂がドリーミングしている「自分」という体験は幻想であったと確信に至るでしょう。

これが、目覚めの向から先に対する信頼となります。信頼によって自らをガイドに差し出す勇気が持てるので、「癒しの道」が加速します。信頼によってガイドの癒しを邪魔することがなくなるからです。

ガイドは、「愛」の働きである

魂のドリーミングする力は、「源」が霊をクリエイトする作用に似ています。このことは、魂には小さな霊のような力があることを意味しています。「源」と霊については「分離の概念」で説明することは不可能ですが、ドリーミングの理解としてあえて持ち出すなら、「源」は「愛と命と光」を通して霊をクリエイトしていると考えてください。

「源」と霊の関係を「愛と命と光」として見るなら、ドリーミングの裏にある真の「情報」は「愛」であり、真の「エネルギー」は「命」であり、真の「意識」とは「光」であると言えます。

「愛」は執着や期待、取引ではなく、何も求めず、全てを受け入れて、全てを与える霊のあり方そのものです。霊は全一性ですから、私たちが「愛」を「感じる」ことはできません。私たちが日常で使っている「愛情」は、寂しさや悲しさと同じく感情の一つで、親や子、先祖や友人たち、国や自然などの特定のものに向けられます。

たとえるなら、「愛」は何でも描ける真っ白い紙であり、その紙をエゴを通して「分離の夢」として利用し、落書きをするようにさまざまな記憶を描いているようなものです。そこに「恐れ」の記憶を見ている魂が、「苦しみ」を感じているのです。

「愛」の上に「恐れ」を表現できる自由が魂にはあるのですが、それが「苦しみ」を生み出してもいます。ただし、「苦しみ」として認識できるからこそ、そこに問題があるという気づきに至ることもできるので、「苦しみ」は「愛」の一つの表現なのでしょう。

だからといって、あきらめる必要はありません。問題は軸の歪みにあるので、「苦しみ」に気づいたら、癒しのためにガイドに明け渡してください。「愛」の目的は決して「苦しみの夢」ではないのです。「分離の夢」を見ている魂が、「分離の夢」を見ることのないガイドを頼ることで、そもそも問題を認識することのないガイドの癒しを受け取ることが可能となるのです。こうしてガイドは「愛」の働きであるとわかるでしょう。

ドリーミングの真の「エネルギー」は、「命」

ドリーミングの真の「エネルギー」は「命」であり、「命」によって魂自体も存在できています。「命」は「分離の体験」の世界で認識できる生命とは違い全一性のことですが、生命に感じられる神秘は、「命」を思い出すのに役立つドリーミングです。

「命」は本来無限ですが、エゴを土台として「無数の魂の一つ」として分離したことによって、無限の「エネルギー」ではなく、自らが受け入れられるだけの「エネルギー」となったのです。ただし、「分離の夢」の中でも魂は決して霊とのつながりを絶つことはできていないため、そのつながりであるガイドを通して「命」を受け入れるなら、自らの魂に多くの「エネルギー」を満たすことは可能となっています。

問題があるとすれば、「自分」が大切にしている信念や信仰を超えて、ガイドを信頼することができるかです。ガイドへのほんのわずかな信頼であってもそれなりに「命」を受け取ることは可能ですが、そのほんのわずかの信頼も、もしかすると信念や信仰に反するかもしれないと考えると、できるだけ今の「自分」を保てるだけの「エネルギー」量にしておきたいと思ってしまうでしょう。病気の「苦しみ」のドリーミングとは、それだけガイドを恐れていることの現れでもあるのです。

ドリーミングの裏にある真の「意識」は、「光」

ドリーミングの裏にある真の「意識」とは、「光」です。ドリーミングを学ぶ価値とは、幻想の見方を学ぶことではなく、自らが「光」のように拡大の力があることを思い出すためにあります。「光」は「分離の体験」の世界で認識できる光とは違い全一性のことですが、光に感じられる神聖さは、「光」を思い出すのに役立つドリーミングです。

真っ白い「光」は、あらゆることを明らかにします。「光」は全てを照らして、そこに闇がないことを確認するのに利用できます。ガイドとつながることで魂の「意識」は変わり、何がドリーミングへの執着となり「苦しみ」を生じさせるのか、何が霊へと目覚める「癒しの道」なのかの明晰さを受け取ることが可能となります。「明晰なスピリチュアリティ」とは、「光」の恩恵なのです。

ドリーミングは「情報とエネルギーと意識（想念）」の一体性のことですが、それが分離不可能なのは、「愛と命と光」の全一性が背景にあることからもわかります。つまり、「分離の夢」の中にいても、「愛と命と光」を受け取ることは可能だということです。

「分離の概念」での全体性と、霊の現実である全一性の違い

「分離の夢」の中で学ぶ「分離の概念」においては、あらゆるものが分離しているように思え、全一性のヒントさえも見つからないでしょう。せいぜい分離した部分と部分を集めた全体という視点を持つのがやっとでしょう。この全体性と全一性は全く違います。

全一性とは、「一」である特別な存在としての霊とそれ以外の者たちに分離していることで成り立っているわけではありません。だからといって、あなたが体験している全てが霊であるわけでもありません。なぜなら、体験される全てはドリーミングだからです。たとえドリーミングに対して「愛と命と光」の似姿を感じて感動したとしても、そのドリーミングは「愛と命と光」そのものではありません。その時のあなたの感動は、あなたの中に「愛と命と光」という霊の思い出があることからやってきたのです。その感動とは、本質に対するノスタルジア、郷愁のようなものなのです。そこに体験されているドリーミングを崇めるのではなく、体験とは何なのかを改めてチェックしてください。「愛と命と光」は本来の「自己」であって、ドリーミングの体験ではないということを真に理解することが「癒しの道」では大切なステップです。

全一性は、体験されない霊の現実です。ドリーミングという幻想は、霊の現実ではありません。霊そのものが分離によって体験されるこの世界に姿を持って現れてはおかしいことになります。それならその霊

は、あなたに「私はあなたから離れている別の存在である」ということを教えてしまい、それを信じると、永遠にあなたは全一性へ到達できなくなります。ガイドには名前も姿もなく、癒しという作用しかありません。その理由は、ガイドはあなたから離れた別の特別な存在ではないということを表しているのです。

霊にとっては、ドリーミングの世界は「無い」もの

霊を創造している「源」を「根源」と表現していない理由もあります。「根源」であるなら、そこから生み出された「幹」や「枝」や「葉」があるという意味になってしまいます。霊にとっては「源」が「根源」ですが、魂にとっては「源」が「根源」ではありません。全一性である「源」が分離した魂など作るはずがなく、そもそも作ることができません。「分離の夢」であるこの世界は、あなたの魂が作り出したのです。

そもそも眠っていない霊はドリーミングしません。当然、霊を創造している「源」も眠ってはいません。霊にとっては、ドリーミングの世界は「無い」のです。無いものに対しては何もできませんし、する必要がありません。この意味は、霊の現実においては何も起きていないくらい、「分離の思考」を完全に癒し終えているということです。

霊の現実と魂のあなたが体験している夢の世界では、「時間が違う」と考えてみましょう。現実においてはすでに癒し終わったのですが、夢の中ではまだ癒しの途中なのです。あなたは夢の中ですが、時間の先ではすでに癒しは完了しているのです。あなたは霊の時間に合わせるように癒しているのです。あなたの時間と霊の時間がぴったりと合う時が癒しのゴールです。こう考えると、霊の現実においては何も起きていないということが理解できるでしょう。そして、同時にこのことは癒しの希望になるはずです。なぜなら、時間の先では必ず癒しは終わりを迎えることが決定しているからです。実際は、霊は全一性なので時間というものはありません。これはあくまで「分離の概念」で理解可能なように説明しただけです。

ドリーミングを知ることで、自由になれる

魂とは、霊の現実においては何も起きていない「瞬間（ゼロ秒）」に「無限」を表現したエゴの幻想です。瞬間に分離を思っただけです。瞬間なので、思ったこともないくらいの幻想なのです。あなたが魂という幻想のあり方と同一化したことによって忘れてしまった霊の現実を思い出すには、どうしても霊を忘れていない力であるガイドが必要です。

ドリーミングを学ぶ理由は、「この世界や肉体は幻想であって、癒しとは幻想への執着を手放し全一性

を思い出すことである」と気づくためです。ドリーミングを知ることで、ドリーミングの執着から離れて自由となることができるのです。

あなたが知っているドリーミングよりも、知らない霊の全一性に価値を持つことができて初めて、目覚めへの意欲を持つことができます。その意欲がガイドとのつながりをもっと強くさせるので、それ以上「分離の夢」を強化することはなくなり、霊の軸から離れた「苦しみ」も軽減されていきます。

世界や他者や精神や肉体はあなたが作ったドリーミングであったとしても、あなたはドリーミングではありません。エゴはあなたに「分離の体験」を強化するようにドリーミングを作らせようとしますが、あなたはエゴに従ってドリーミングをしなくても良いのです。そこにあなたの自由があります。ドリーミングを知るのは、あなたがあなたの作った世界から自由になるためなのです。

第2講 まとめ

◉ドリーミングを学ぶ理由は、「癒しの道」を知るためである。

◉ドリーミングは「自分」が作っているために、ドリーミングを攻撃すれば「自分」を攻撃することになる。

◉ドリーミングの「情報とエネルギーと意識（想念）」の一体性の裏側には、「愛と命と光」の全一性が隠れている。

◉全体性は「分離の概念」であり、全一性は霊の現実である。

第3講

「意識の場」

ドリーミングが表現されているのは、魂の「意識の場」である

さまざまな体験が現れる「意識の場」

「意識の場」とは、たとえるなら「部屋」のようなものであって、そこに何かが入ってくるとあなたはそれを体験します。部屋の中に音が入ってくるとあなたはその音を聞き、コップが入ってくるとあなたはそのコップを見るという体験をするのです。この部屋には肉体が入っていますが、肉体そのものは、部屋に入っていても気づかれることはほとんどありません。このことは、「知覚されても、必ずしも認知できているわけではない」ということです。それでも怪我をした時のように肉体の「痛み」が部屋に入ってくると、あなたははっきりと認知するでしょう。「意識の場」という部屋にはさまざまな体験が現れますが、不思議なことに、部屋そのものは認知されません。

「場」とは、「ある現象が起きる可能性に満ちた状態」のことです。「場」は「状態」であって、「状況」ではありません。「状況」とは、今ここで起きている体験のことです。「状態」とは、体験が起きていても

■「意識の場」とドリーミング

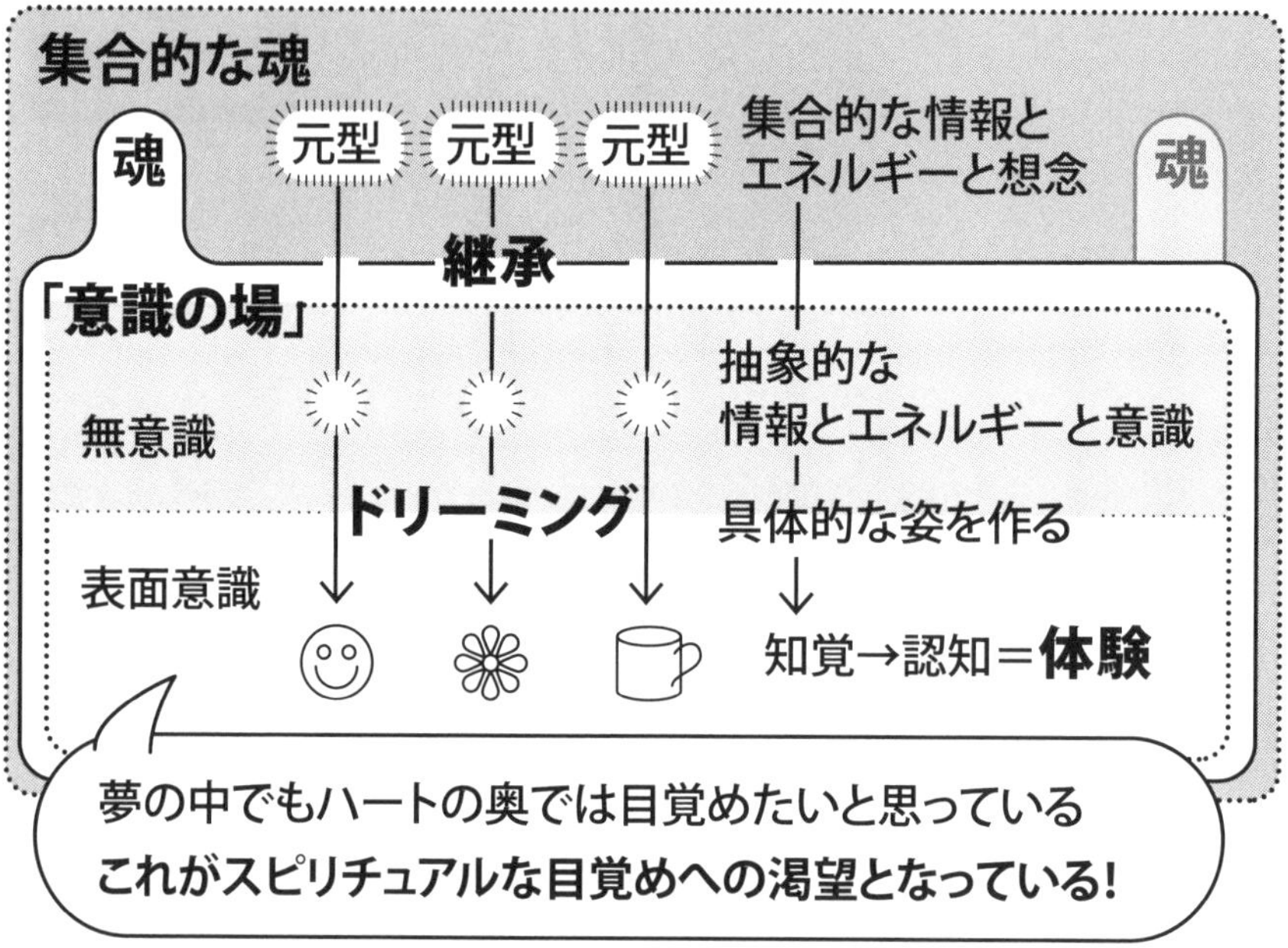

いなくても、その体験が起きる可能性があるなら、すでに体験しているのと同じであると見る考え方です。当然、体験を中心に考えると、「まだ体験していないのに、体験する可能性があるだけで体験しているというのはおかしい」と思えるでしょう。それでも、今は「場」というのは「そのような状態である」と理解しておきましょう。

「意識の場」は体験の「場」ですから、体験する可能性のあるものはすでに「ある」と同じ状態になっています。「意識の場」は、あなたが知覚可能なあらゆる体験をドリーミングする可能性に満ちた「場」なのです。

しかし、「場」そのものは見ることができません。「体験の可能性に満ちている場」だとしても、何の体験も生じていないのであれば、見ることはできません。

「意識の場」とドリーミングの関係

「意識の場」の理解のために、透明な水が入った丸い球状の膜をイメージしてみましょう。その膜の内側が「意識の場」だと思ってください。膜の表面は太鼓の皮のように振動します。膜を叩くと内側の水は振動して波紋が生じます。膜の中央では周囲から集まりぶつかった波紋が生じて、その瞬間に立体的で複雑な「干渉模様」が現れるとします。波紋は小さなエネルギーであっても、ぶつかり合うと大きなエネルギーとなり、干渉模様は目立つ「形」として姿を現します。人はその干渉模様に対して「形が現れた」と気づくのですが、干渉模様を作り出している水そのものは透明なので気づきません。でも、そもそも水が入っていなければ干渉模様が作られないのです。つまり、先に「意識の場」がなければ、ドリーミングを体験することができないということです。

さて、意識についてはどうでしょう。どのように膜を響かせるのかを決めているのは意識です。意識は、干渉模様を作る意思または意志によって膜を響かせます。つまり、体験されたならば、そこに何らかの意思または意志が働いているのです。そこには、必ず目的があります。綺麗な形を作ってその「美しさ」を体験したかったのか、激しい形を作ってその「荒々しさ」を体験したかったのか、といった目的です。ただし、無意識の意思である場合、その体験の意味は、表面意識ではわかりません。そうなると、あなたには体験が「自分」の外側からやってくるように思えます。見えない何かが膜を叩いて勝手に形を作って、「自分」はそれを体験させられたと考えるのです。

「意識の場」で、意思と意志のどちらがドリーミングされるかというと、意識のエネルギーが強い方です。ほぼ無意識の意思の方が強いのですが、あなたの魂の知覚が開かれて無意識にまで広がると、あなたの意志は無意識と共有されて、大きなエネルギーを持ってドリーミングされます。

「分離の体験」に現実感を覚えているなら、その体験を作り出すために「意識の場」の膜を叩いているのはエゴです。エゴが「意識の場」の中で響かせているのは分離の子守唄であり、そのメロディーに聞き入ると、あなたは深い「分離の夢」の中へ落ちていきます。あなたがエゴではなくガイドにお願いするのであれば、「意識の場」に響き渡るのは癒しのメロディーとなります。そのメロディーは、霊という本来の「自己」を思い出させ、あなたは深い夢からゆっくりと目覚めはじめます。

「意識の場」は、「有」と「無」という「分離の体験」を作り出す

膜というのは、ドリーミングの可能性に満ちた「意識の場」のたとえです。可能性に満ちた「意識の場」は、時間に縛られていません。そのため、まだ現象が生じていなくても、生じる可能性があるのであれば、その場は「すでに起きているに等しい場である」のです。「意識の場」は、あなたの魂の知覚が開かれれば、

その時あなたが認知できるあらゆる現象を表現することが可能な「場」となります。

何でも表現可能な「意識の場」のように思えるかもしれませんが、残念ながら、そこにはある限界があります。それは、「意識の場」は「意識の場」そのものを表現することができないということです。あなたは「意識の場」を超えた存在ですが、魂の知覚が開かれていないと「意識の場」に表現されたドリーミングの体験に集中してしまいます。そして、体験されたドリーミングを「有」と考え、体験されていない「意識の場」そのものは「無」であると考えるのです。膜の中には水は満たされていますが、水は透明なので、そこに水があることを忘れてしまうということです。

「意識の場」は、意識に対して「有」と「無」という「分離の体験」を作り出す仕組みなのです。エゴは「分離の体験」を作り出す「意識の場」を利用して、「自分」と他者とを切り分ける錯覚を作り出しています。

空間だけでは「無」であり体験として認識できませんが、肉体というドリーミングで「自分」が表現されれば、「自分」は「有」であると認識できます。こうして肉体とその周囲の世界によって、「自分」という「分離の夢」の体験が強化されるのです。

意識の焦点が肉体に注がれると、魂の知覚も、肉体によって得られる情報に集約されます。それによってあなたの知覚は、肉体の知覚に絞られていくのです。そこに登場する他の魂たちにも姿が与えられると、彼らとの分離感も強くなります。それは肉体としての姿でもいいですし、霊能者にとっては幽霊としての姿でもいいのですが、どちらも「自分」と他者とは違うという分離感を強めます。

あなたは「意識の場」に表現されるドリーミングの体験に集中することで、「意識の場」そのものに気づけなくなっています。どのようなドリーミングを行おうとも魂に保存されているさまざまな記憶は喪失しませんが、肉体としての「自分」の体験に集中すると、その世界の記憶以外を遮断します。一時的に自ら記憶喪失になるように、その世界に意識の焦点を絞るのです。それが、その世界の現実感になっているのです。

一人ひとりの個別の魂ができている理由は、「自分が自分を作り出すことはできるだろうか」というエゴにあります。「自分」という個性を作るためには、全一性から分離しなくてはいけません。そのため、エゴは「分離の思考」になっているのです。あなたの意識はエゴの提案を受け入れて、「分離の夢」という妄想の中に入り込みました。この「分離の夢」を見ている意識の領域のことを「意識の場」と呼ぶのです。

「意識の場」では、実際には、全てがつながっている

「全一の概念」においては、意識と「意識の場」は同じです。しかし、「分離の概念」においては、意識と「意識の場」には違いがあります。意識は「意識の場」を生み出して同時に体験する魂の力であり、「意識の場」は体験が生じる可能性に満ちた「場」のことなのです。たとえば、「意識の場」が映画のスクリーンであるなら、意識は映画館そのものであり、映画の監督であり、観客でもあるのです。

あなたの体験している肉体は、あなたの「意識の場」に映し出された人生の主人公の姿を表しています。人生という物語において、肉体は「主人公の設定」という重要な役割を担っています。たとえば、「体が弱い人」「筋肉がつきやすい人」「太りやすい人」「優しく見える人」「体が弱そうに見えて、実は体力がある人」「筋肉はつきやすいのに、痩せている人」「優しく見えるけれど、とても厳しい人」といった設定です。このような主人公が、「体は弱いけれど、気力で頑張って生きることで自分の隠された力を知る人生」や「他者への優しさとは何かを学んで、自らの存在とは何かを知る人生」といった物語が進んでいくのです。

肉体の内側と外側を分けているのは「分離の概念」であって、実際には、内側と外側は「場」によって同時にドリーミングされています。つまり、生命活動とは環境と生体が同時にドリーミングされたものであり、人生とは主人公と物語が同時にドリーミングされたものなのです。

「意識の場」では、ドリーミングされている一つひとつのモノや現象は全てつながっています。一つひとつ分離していてお互いが関係ないように見えたとしても、体験に分離は起きていません。全てがあなたの一つの「意識の場」に表現されているドリーミングです。スクリーンに何が映っていたとしても、スクリーンは一枚ということです。スクリーンの中に映し出されている景色を、あなたは、この部分がコップ、この部分が机、それ以外の背景として、「分離の概念」で認知しているのです。そして、興味がある部分はよく見え、興味がない部分は映し出されていても見えていないのです。それでも、体験されていることは、全て一枚のスクリーンに映し出されたドリーミングに変わりありません。

「意識の場」では、何かを単独でドリーミングすることはできない

肉体が環境と一体となってドリーミングされていることを、色の認知でたとえてみます。赤色が認知されやすい環境とは、背景が黄色や緑色などの違う色で埋め尽くされている場合や、白や黒など明度が大きく違う場合です。緑色の草原の中に一本だけ生えている赤い花のように、色相や明度によって周囲との差があればあるほど、その色は目立ちます。多くの場合、人は目立つ色だけを見てそれが何色かを判断します。背景の色は見えていてもあまり重要ではないために、無視する傾向があります。

どのような物事でも、その背景にある「場」全体で成り立っていることを忘れてしまうのは、物事の単体だけを見分けようとするからです。体験とは、体験されている物事単体で成り立っているのではなく、体験している者も含めた「意識の場」全体でドリーミングされている現象なのです。そのため、「意識の場」では、何か一つを単独でドリーミングすることはできません。ドリーミングが表現される時は、必ず、その背景である世界も一緒にドリーミングされます。

「意識の場」では、肉体のドリーミングを変えたいなら、肉体単体に意識を向けるだけではなく、その肉体が表現されている環境も含めて全体的に変化を促すように意識する必要があります。同じように、何かを作り出したいなら、それ単体を想像するのではなく、それがある空間も含めて全体を想像することが大事です。たとえば、洋服のデザインであれば、完成した洋服だけを想像しながら作るのではなく、その洋

服を着る人や、その洋服を着ている人がいる空間全体も想像するとより表現しやすいのです。魂も、それ単体を虚空にドリーミングしているのではなく、それがある「場」全体をドリーミングしています。

テレパシーは、「意識の場」の外側における魂の力

体験は常に個人的な「意識の場」でドリーミングされているので、エゴに属しています。エゴが「無数に分離した魂」という「意識の構造」を作り出したのも、個の魂において「自分」という体験をするためです。本来、あなたは魂ではないため、個の魂を超えた「集合的な魂」の「意識の場」をも知ることができます。「集合的な魂」の「意識の場」には、「意識の構造」が表現されています。「意識の構造」とは、エゴに基づいて一つの集合意識がドリーミングしたものです。

魂の知覚が開いていないうちは、個の魂の「意識の場」の中に生じているドリーミングだけが認知されます。魂の知覚が開かれれば、「集合的な魂」を認知することも可能となります。体験は認知されて初めて気づかれるものなので、ドリーミングされなければ体験できないということは変わりませんが、あなたの認知は必ずしもドリーミングに依存してはいません。あなたには、個の魂を超えた霊の思い出も残っています。そのため、個の魂から視点が離れることで魂の知覚が開かれると、霊の記憶が少しずつ取り戻さ

れていきます。

霊の記憶が少しでも取り戻されれば、「意識の場」の自由度が高くなり、物質的な制限を超えてドリーミングされるようになります。そして、あらゆる「情報とエネルギー」を受け取ることができるということを思い出します。この力は、「テレパシー」とも呼ばれています。

テレパシーは、「意識の場」の外側における魂の力です。魂はこの力を使って集合的無意識から「情報とエネルギー」を受け取り、自らの「意識の場」に世界をドリーミングしているのです。つまり、テレパシーとは、あなたが無意識の奥深くで日常的に使っている普通の力なのです。ただし、あなたは魂の知覚を閉じて、空間としては物質的で時間としては今に集中して表面意識で生きているので、テレパシーには気づいていないかもしれません。テレパシーは、ドリーミングせずに「情報とエネルギー」を受け取ります。そのため、正確には「認知」と呼べるかどうかはわかりませんが、魂はドリーミングを介さない直接的な認知もできるのです。それは、実際の体験というよりも、すでに知っている記憶のようなものです。

テレパシーは、目覚めの途中

魂が霊の記憶を少しでも取り戻すと、表面意識という小さな「意識の場」を超越した高度に抽象的な視点を持ち始めます。そのように知覚が開かれた魂は「集合的な魂」の中でも自らの視点を保てるために、それまでは認識できなかった元型そのものをも把握することができるようになります。さらに、他の魂、他の場所、他の時間、他の可能性の世界へ自由に入り込むこともできるようになるため、必要であれば、そこにある記憶を自らの「意識の場」にドリーミングすることも可能となります。

ただし、これらのドリーミングに執着すると癒しが止まってしまうので、注意が必要です。癒しは夢からの目覚めなので、夢に魅入ってしまうと軸に歪みが出ます。夢に強く執着すると、「苦しみ」が生じるということです。

癒しの目的は、あらゆる「場」を超えた全一性に目覚めることです。ドリーミングはただの夢であり、癒しが達成されるまでの途中の景色でしかないのです。テレパシーへの気づきは、物質的な狭い範囲の視点から解放されたことの自由の感覚にすぎません。これはまだ目覚めの途中です。

「自分」とは幻想であって、魂の作品である

ドリーミングが作られる過程を、理解しやすいように「分離の概念」で順に解説します。はじめに、エゴをもとに、集合意識の「意識の場」で「意識の構造」がドリーミングされ、同時に無数に分離した魂がドリーミングされました。そして、個の魂は集合的無意識から元型をダウンロードしてきて、自らの「意識の場」の中に、世界と「自分」の象徴としての肉体をドリーミングしたのです。

ドリーミングの力の源泉は、霊に与えられている「命」ですが、魂はそれを自らのドリーミングのための力として利用しました。「意識の場」の中に作られるドリーミングに注意を向けると現実感が強くなる理由は、「命」を注ぎ込んで想念が強くなるからです。注意を向けることは、「夢をもっとリアルに体験したい」という意思を持つことと同じなのです。

そもそも「自分」とは幻想であって、それは魂の作品です。「自分」は幻想なので、一つの魂の中に無数の「自分」を作り出すことも可能です。しかも、それぞれの「自分」が分離して、自意識と独自の記憶を持つことも可能です。「生まれ変わり」でも、同じようなことが起きています。前世の「自分」と今世の「自分」は違う自意識を持つため、今世の「自分」が前世の「自分」を考える時には、どこか他人事のように思えるのです。当然、前世と今世の「自分」が統合されることもあるので、その時は他人事ではなく、一貫した「自分」が存在するように思えます。

ただし「生まれ変わり」といっても、一つの時間の流れの上に生まれ変わっていないこともあります。時間だけではなく、空間をも超えた世界が無数にあります。全てが分離しているのが、「分離の夢」の特徴です。たとえば、未来から現在に生まれ変わることも、違う世界から生まれ変わることもあるのです。しかし、今の「自分」に理解できない記憶は頭に浮かんでも無視されるでしょうし、「自分」の過去に経験していない記憶は思い出せないと信じているので、「生まれ変わり」とは過去世から今世か、今世から来世へという時間的に理解可能な発想しかできないのです。

「生まれ変わり」とは、分離した別の世界で今この瞬間に生きているもう一人の「自分」の記憶と、今の

「自分」がつながったということです。今の「自分」の現実感は、肉体への集中と一緒に強化されていきます。成長とは記憶の蓄積でもあるので、幼少でまだ今の肉体への意識が強くない状態だと、別の世界で生きているもう一人の「自分」の記憶を引き受けやすくなっています。また、肉体が寝ている時の夢見の状態や、肉体感覚が弱くなっている催眠状態でも同じように、別の世界で生きているもう一人の「自分」とつながりやすくなっています。

ドリーミングはあくまでも魂によって作られた幻想であるために、幻想に執着すると実相である霊の軸から離れることになり、魂の軸に歪みが生じます。「生まれ変わり」に執着するのも、幻想に執着することと同じです。「生まれ変わり」の記憶は、確かに今の「自分」の「癒しの道」に通じる何かへの気づきに使えるでしょう。しかし、それは癒しのためにガイドに差し出されるものであり、「自分」が利用しようとすると軸に歪みが生じるので注意が必要です。

霊とは、全ての魂が一つとなっているもの

エゴとは「全一性から分離した自分を作り出す」という思考ですが、あなたはこの思考を受け入れて「自分」と「自分が存在する世界」をドリーミングしています。あなたが「自分」というドリーミングを自分自身であると思い込めば思い込むほど、「分離の体験」は強化されます。このように、自ら作ったドリー

ミングを自分自身であると思い込むことを「同一化」と言います。
「意識の構造」上にある「集合的な魂」は、集合意識の「自分」を保ち続けるためにエゴの思考を受け入れました。これによってエゴは「集合的な魂」の意思となることができ、霊が持つ無限の力を自らの働きに利用することが可能となったのです。

あなたの意志だけでは、「集合的な魂」まで完全に目覚めることはできません。その理由は、あなたが属している「集合的な魂」がいまだにエゴの思考を受け入れていて、エゴと共依存の関係にあるからです。だからといって、「集合的な魂」と戦えということではありません。このことは、目覚めを渇望する個の魂と、「分離の夢」を見続けたい「集合的な魂」という対立ではないのです。

簡単に全一性へ目覚めることができないことに、イライラする必要はありません。意識の力で見れば、集合的無意識は強く、個の魂の表面意識は弱そうに思えますが、集合的無意識と戦う必要はありません。あなたの癒しの意志を、個人的無意識から集合的無意識にまで広げれば良いだけです。全ての魂はつながっているために、あなたが癒しを受け入れ始めれば、そこにつながる他の魂の癒しも自動的に進んでいくことになります。

霊とは、全ての魂が一つとなっているものです。誰かが癒しを受け取り始めれば、他者は今までのように分離の夢を見続けることはできなくなるのです。実際に多くの魂たちが、ガイドの癒しを受け入れ始めています。分離していたものは統合されていき、統合されたものは超越されていきます。「癒しの道」を歩くのは、あなたの見ている個の魂一人だけではありません。あなたの癒しの選択は、「集合的な魂」と比べれば小さな意志であっても、「集合的な魂」全体に影響を与え始める大きな選択なのです。

エゴは自動思考で「善い」「悪い」を判断しようとする

癒しとは、肉体と精神と魂の軸が、霊の軸に統合されることです。そのため、癒しの意志を持つことで、「意識の場」では、初めに軸の歪みが気づかれることになります。軸の歪みは「苦しみ」として認識されるために、それまでは表面意識からは切り離され抑圧されていたことで気づけなかった「苦しみ」があらためて認識されることになります。この「苦しみ」は軸の歪みを教えてくれているのであって、歪みが強くなったことを表しているのではありません。

「分離の思考」においては「苦しみ」は「悪い」ものと判断されるため、癒しによる抑圧された「苦しみ」の再認識は、「悪化」と誤解されることがあります。「苦しみ」を恐れ、再び「苦しみ」を切り離して抑圧し癒しから離れると、さらに肉体と精神と魂の軸は大きく歪み始めます。その「苦しみ」は、その時は表面意識では感じられなくなるかもしれませんが、決して消えることはありません。今の肉体から離れたとしても、魂の軸の歪みは残ります。これは「カルマ」と呼ばれています。「カルマの解消」とは、正しく表現するなら「魂の軸の歪みの解消」であって、「前世で行った悪事が今世で裁かれる」という意味ではありません。

「苦しい」ことは、「悪い」ことではありません。魂の軸が歪むのは霊の軸に合わせていないからですが、霊の軸に合わせていないことが「悪い」ことでもありません。エゴは「分離の思考」であるため、何かを表現するとすぐに反対側には何があるのかを探そうとします。そして、どちらかが「善い」のであれば、反対側は「悪い」と判断しようとします。エゴの判断は自動思考で勝手に浮かんでくるもので、あなたが「悪い」のではありません。

誰かを責めたり、自分を責めたり、「神」を責めたりといった判断に気づいたら、これがエゴの作用だと気づいてください。そして、そこにある「恐れ」にも気づいてください。「癒しの道」で見るなら、「誰かが悪い」という考えに気づいたら、すぐにガイドにつながって平和を願い、ガイドと一緒に「そこにどのような恐れがあるのか」を見てください。

こうして「苦しみ」の体験を分解して、その根本にある「恐れ」を見つけるために、「意識の場」を利用することができます。ガイドと一緒に「恐れ」を見つけるだけでも癒しになりますが、そこに平和があるようにガイドに願うことで、さらに大きな癒しがもたらされます。これを繰り返すことで、あなたは本来のあり方としての心の平和と自由を受け取っていきます。

第3講 まとめ

◉「意識の場」は、あなたが知覚可能なあらゆる体験をドリーミングする可能性に満ちた透明な「場」である。

◉魂の知覚が開かれて無意識にまで広がると、意志は無意識と共有されて大きなエネルギーとなり「意識の場」にその体験がドリーミングされる。

◉エゴは「分離の体験」を作り出す「意識の場」を利用して、「自分」と他者とを切り分ける錯覚を作り出している。

◉「意識の場」でドリーミングを変えたいなら、そのドリーミングが表現されている環境も含めて全体的に変化を促すように意識するとよい。

◉ガイドとつながることで、癒しのために「意識の場」を利用することができる。

第4講 魂の特性

無数に分離した魂たちには、それぞれ独自の霊に戻るための特性が備わっている

個の魂と「集合的な魂」

「集合的な魂」にある記憶は、個の魂の表面意識にそのまま現れることはありません。それでも、集合的無意識の「情報とエネルギーと意識（想念）」は、確かに個の魂のドリーミングに継承されています。個の魂において「集合的な魂」の記憶が最も色濃く表現されているのは、宇宙や自然や生き物や人間の社会など「自分」を取り巻く環境です。これらは個の魂の表面意識においては、「自分の力ではどうすることもできない集団や環境」として体験されています。それでも、あなたが体験している世界全体は、あなたの魂がドリーミングしているのには変わりありません。そのため、集団や環境の体験も魂によって違いが出てきます。

個の魂たちは、全ての魂が一つとなっている純粋な集合意識から遠く離れていますが、「意識の構造」の外から作用するガイドには時間も距離も関係ないために、どのレベルの「集合的な魂」でも、末端の個

無数に分離した魂 〜ガイドの作用とエゴの作用

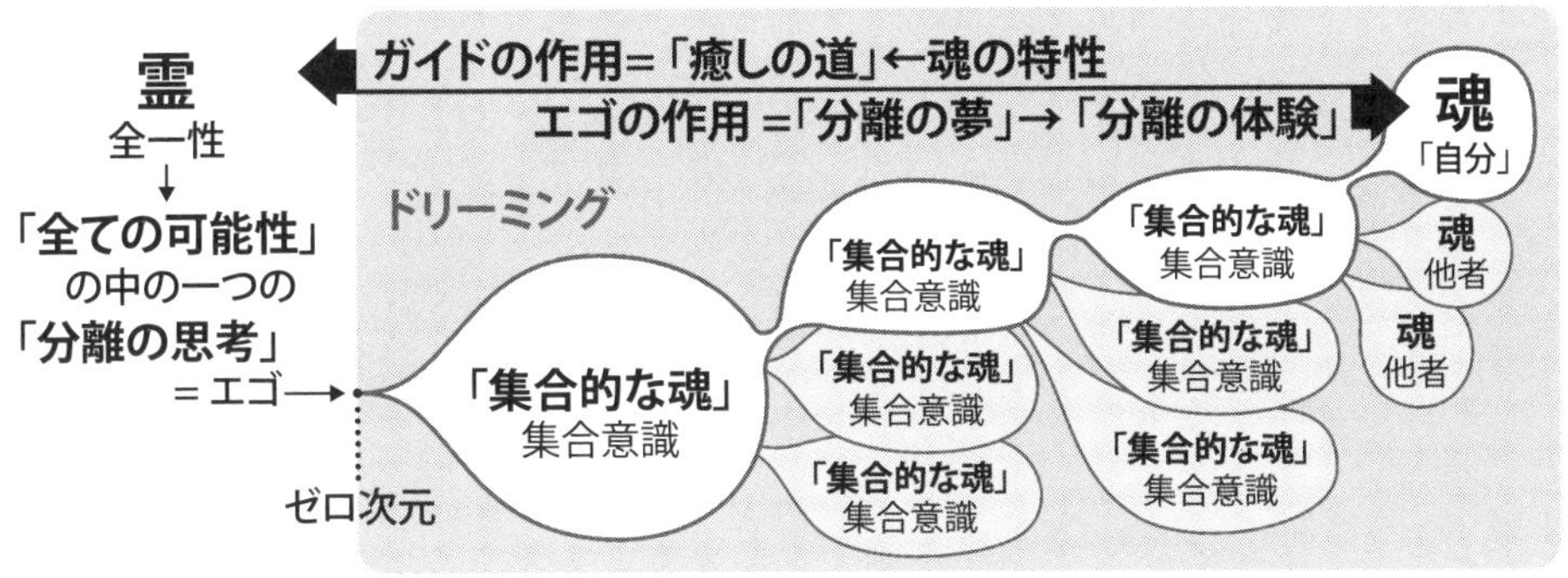

の魂でも同時に癒すことができます。純粋な集合意識からあなたの個の魂までの距離は、エゴが見せている「分離の夢」の深さのことです。「意識の構造」においては、「集合的な魂」の中にも小さな「集合的な魂」という個の魂たちのグループが複数入っています。そして、その小さな「集合的な魂」にも、もっと小さな「集合的な魂」が入っています。この構造が、夢の深さとして作用しているのです。

個の魂に集中している視点では、自分自身が「純粋な集合意識」であるという視点にはなっていません。「意識の構造」において深い層にある個の魂は、浅い層にある集合意識を別の世界の存在として認知します。つまり、それは他人です。

一つひとつ違う魂の「あり方」を「特性」と言う

「分離の夢」であっても全一性にある「全ての可能性」は保たれているために、「意識の構造」の中には「さまざまなあり方の魂」が作られています。無数にある一つひとつの魂の「あり方」はそれぞれ違い、全ての魂で「全ての可能性」を表現しているのです。「あり方」がとても似ている魂は無数にありますが、完全に同じ「あり方」の魂というのは一つもありません。そのため、一つひとつ違う個の魂は、自らの「あり方」の自然な振る舞いを通して「癒しの道」を歩んでいくことになります。このような一つひとつ違う魂の「あり方」のことを、「特性」と言います。

個の魂それぞれに特性の違いがあり、「集合的な魂」にも特性があります。特性の違いとは「意識の構造」での深さの違いのようなものなので、同じ階層にある「集合的な魂」につながっている個の魂には、共通する特性の部分があります。その時のその場所で生きている人々は、同じ社会や環境の中に生きています。同じ社会や環境で起きる出来事は、その社会や環境の中に生きる全ての魂が共通で体験を作り出している「あり方」になっています。つまり、「集合的な魂」として共通する「あり方」もあるということです。

「癒しの道」においては、それぞれの魂の特性に従って目覚めていくことになります。ある魂は匂いの感覚から特性を生き始めるかもしれませんし、また別の魂は音やリズム感覚から特性を生き始めるかもしれません。特性は、その魂が受け入れやすい感覚から開いていきます。そして、ガイドは魂が自らの特性に従って霊を思い出せるように働くので、魂によって「癒しの道」に違いが出るのです。

特性そのものはとても抽象的なものであり、その認識は、「なんとなく幸せである」「そのように生きていると、とても楽に生きられる」「自然に成功していく」「才能があることに気づく」「感謝を多く感じる」といった感覚です。自らの特性がどのようなものであるかを魂自身が認識していなくても、「癒しの道」

を進むのに弊害はありません。「癒しの道」はガイドの作用で自動的に進み、その途中で必要なことは自動的に思い出されていくことになります。

特性と才能の違い

特性と才能は違います。才能は特性から生まれますが、特性は魂にもとから備わっている魂の軸のバランスのようなものです。特性は魂と霊とのつながりであって、その魂の「癒しの道」の進み方でもあります。

才能とは、たとえば「足が速い」や「暗算が得意」というようなもので、「その才能を使って何ができるのか」という疑問を持つことが可能です。「足が速い」のであれば、「オリンピックに出場してメダルをとる」や「警官になって逃げた犯人を捕まえる」などのために使うことができるでしょう。しかし、その後にも「オリンピックに出場してメダルをとって、それからどうするのか。本当は何をしたいのか」といった疑問は続いていきます。才能とは「使うもの」であって、何のために使うのかという答えではありません。

特性には、疑問を持つことはできません。特性は「使うもの」ではなく、魂の自然な「あり方」だからです。すでにそうあるものに持たれるのは疑問ではなく「答え」であって、それは「静寂」のようなものです。

「何のためにやるのかはわからないけれど、ただ走ることが好きで、走っていると自らの魂が喜んでいるように感じる」なら、そのような状態にある時は「特性を生きている」と言えるでしょう。そして、「好きで走っていたら、実はとても速く走れることに気づいた」というように、特性を生きている時には、多くの才能が発見されていきます。特性は魂が目覚めていく過程のことであり、才能は魂の可能性の開花なのです。

魂の軸が整えば、精神や肉体の軸が整う

「癒しの道」を選ぶと、魂は自然に特性として振る舞い出します。魂の軸が霊の軸に従い整うことで、ガイドに導かれるように自然な振る舞いになっていくのです。魂の軸はそれぞれの魂によってバランスが違うので、特性もそれぞれ違うのです。

魂の軸が霊の軸に従うと「愛と命と光」の全一性という記憶が思い出されて、分離の強化よりも霊への目覚めに意欲が出てきます。そうなるとあなたの振る舞いは「愛の拡大」となって集合的無意識の全体に広がり、癒しの波紋が干渉してさまざまなシンクロニシティが現れてきます。あなたを助けてくれる人々との出会いも多くなり、ビジネスも成功しやすくなっていきます。何より、あなたの中ではこれが私の生きる道であるという「自信」が生じます。霊の軸に従うとバランスがとられて「静寂」に至り、「平和」となるのです。

魂の軸が整えば、精神や肉体の軸が整います。不安や恐れに基づいて生きるのではなく、平和や感謝に

基づいて生きることになります。自動思考の歪みは解消されて、可能性に開けた柔軟な思考となっていくため、選択肢は広がり、心は軽くなっていきます。体においても、わずかな歪みに気づけるようになるので、健康のバランス感覚がついてきます。「苦しみ」を生み出すような習慣には興味がなくなり、自らの中のバランスに従って生きるようになります。

完全に霊を思い出さなかったとしても、少しでも魂が開かれて自由になると、あらゆる時間やあらゆる場所といった「あらゆる世界」を「同時に知覚する」ことができると知るでしょう。さらに、他の魂とも、特別なことをしなくても「直接つながることができる」ことも知るでしょう。つまり、テレパシーです。魂はみんな分離などしていないために、テレパシーでつながることが可能なのです。

スピリチュアル・ドリーミングは、癒しのゲートとして作用する

確かに知覚は「分離の夢」であってエゴに属しますが、魂が持っているドリーミングを作り出す無限の可能性が全てエゴに支配されているわけではありません。エゴは分離の提案をしていますが、それを選択するかどうかはあなた次第です。ガイドの癒しを選択するなら、魂は自らの「意識の場」の中に「愛と命と光」という神聖な思い出を表現することもできるようになります。「愛の拡大」とは、ガイドとつながって「癒しの道」に入った魂が、思い出されていく「愛と命と光」の記憶に美しさと感謝を感じて広げる波

紋なのです。「愛と命と光」の美しさを讃えるために、「愛の拡大」は「賛美」とも呼ばれます。「賛美」は神話上の「神」という分離した存在に対して捧げられるのではなく、分離のない霊という本来の「自己」に対して捧げられます。それは、ある意味「自己自賛」のようなものです。ちなみに「自我自賛」は、エゴを讃えています。

賛美という「愛の拡大」によって表現されたドリーミングを、「スピリチュアル・ドリーミング」と呼びます。スピリチュアル・ドリーミングを見る魂は、すでに「癒しの道」へと進む準備ができています。魂が、引き寄せられるように「愛の拡大」に出会うのは自然なことなのです。

スピリチュアル・ドリーミングもドリーミングなので「分離の体験」の一部ではありますが、そこにはガイドがつながっているために、癒しのゲートとして作用します。ドリーミングには「情報とエネルギーと意識（想念）」があるので、スピリチュアル・ドリーミングも、それを行う魂の特性を通したガイドの「目覚めのための情報」と「健康のための生命エネルギー」と「目覚めへの想い」によってできています。

集合的無意識全体に広がる波紋「目覚めの輪」

「集合的な魂」の中には、積極的にガイドとつながって「愛と命と光」を「集合的な魂」全体に満たそうとしている魂もいます。そのような魂が出てきた「集合的な魂」では、同じようにガイドと積極的につながろうとする魂が増えていきます。そうなると、「集合的な魂」の意思として、集合的無意識全体に波紋が広がります。この時の波紋を、「目覚めの輪」と言います。

当然のことながら、目覚めの意欲に満ちた魂が増えれば、集合的無意識に蓄積された古い記憶を守り、その上に作られた「自分」を守ろうとする恐れる魂たちの反応も強くなります。大きな癒しが大きな恐れとして感じられるのは、軸の歪みの上に「自分」のバランスを作ったのと同じ反応です。たとえそれが「苦しみ」の夢だとしても、積み重ねてきた「自分」に価値を置いているために、それを壊したくないのです。こうして、集合的無意識にも葛藤は生まれます。癒しは「気持ちが良い」だけではなく、切り離され抑圧された恐れも再び浮上させてしまうものです。それでも、目覚めの意欲に満ちた魂が諦めなければ、ガイドは恐れる魂たちの不安を解消しながら「集合的な魂」全体を癒していきます。

ガイドとのつながりを積極的に行うと、魂の軸と霊の軸のつながりは強くなっていきます。そうなると「分離の夢」の中でも全一性の記憶が戻ってきて、エゴの罠について、霊と魂の関係について、「癒しの道」について、よくわかるようになります。当然、「集合的な魂」にある「苦しみ」にも気づけるようになります。そこには個の魂と同じく、エゴの罠や歪んだ思考があるのです。

「集合的な魂」の「苦しみ」に気づき始める頃には、あなたの特性は「集合的な魂」の癒しにまで広がり始めています。それでも、あなたは、自らの魂の癒しに取り組んでいるように思えるでしょう。「苦しみ」をガイドに差し出してバランスを取り戻そうという意志を持ち続けることで、あなたの魂も「集合的な魂」も一緒に「癒しの道」を進んでいくことになります。その時、あなたは自らの特性を生きているのです。

まとめ

◉「意識の構造」の中で、一つひとつ違う魂の「あり方」のことを「特性」という。

◉「集合的な魂」にも、一つの魂としての特性がある。

◉特性はその魂の「癒しの道」の進み方である。

◉特性を生きている時には、多くの才能が発見されていく。

◉特性を生きると霊の「愛と命と光」が思い出され、その魂の振る舞いは「愛の拡大」となって集合的無意識全体に広がり「目覚めの輪」となる。

第5講 象徴と物語

肉体は分離か癒しの神殿の象徴であり、人生は自立か目覚めの物語である

全てのドリーミングには「隠れた目的」がある

ドリーミングされるものには、必ず意味と目的があります。そのため、ドリーミングは何らかの意味を表現した「象徴（シンボル）」となっており、それが作り出される過程は何らかの目的を伝えるための「物語（ストーリー）」となっています。

たとえば、今あなたが目の前のコップを見ているとします。このことを「意識の場」で表現するなら、「今、コップを見るという体験がされている」となります。「意識の場」に現れるものは全て魂が作り出しているので、そこには作り出される意味があります。そのため、コップは何かの象徴となっています。象徴でないドリーミングは作られないので、あなたの「意識の場」に現れることはありません。そのため、表面意識において意味がわからなくても、ドリーミングされているなら、魂にとって意味があります。目の前にコップがドリーミングされているなら、魂にとって「コップを体験する必要がある」という「隠れた目

▶象徴としてのドリーミング

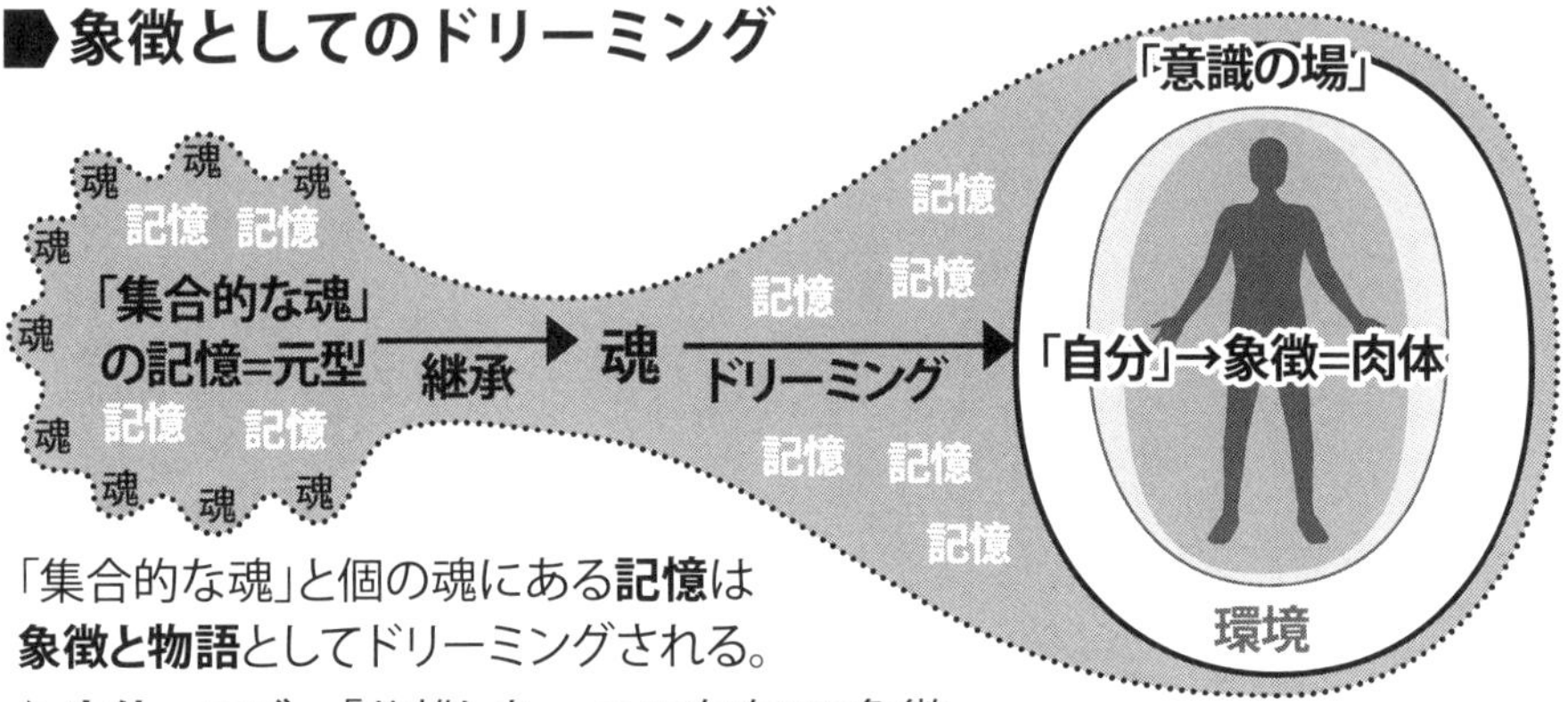

「集合的な魂」と個の魂にある**記憶**は
象徴と物語としてドリーミングされる。

▶**肉体**…**エゴ**=「分離した一つの存在」の象徴
ガイド=「癒しのための神殿」の象徴

的」があるのです。あなたが体験している全てのドリーミングには、「隠れた目的」が関わっているのです。

「意識の場」とは映画のスクリーンのようなものであり、コップはそこに映り込んでいる映像です。映像を映し出している光はあなたの意識であり、映像を見ているのもあなたの意識です。コップがどのようにドリーミングされるかという演出は、あなたの深層意識によって決定されます。もし、あなたの体調が悪かったり気分が落ち込んでいるのであれば、映像は全体的にグレートーンで演出され、あなたが元気で興奮しているのであれば、映像はビビッドに演出されます。人々はこのことを自覚しているので、落ち込んだ時は「人生は灰色だ」と表現し、気分が良い時は「人生はバラ色だ」と表現するのです。

あなたは、一方的に世界を体験させられている観客だと信じているかもしれませんが、実際は監督であり、演出家であり、カメラマンなのです。そして、体験の裏側にある「隠れた目的」とは、「人生は灰色だという体験を通して、自分がいかに被害者であるか自覚したい」か、「人生はバラ色だという体験を通して、自分はとても愛に溢れている者だと自覚したい」ということになるでしょう。

肉体は、「分離している自分」か「癒しの神殿」か

ドリーミングである肉体も何かの象徴であり、その裏側には「隠れた目的」があります。「隠れた目的」とは、あなたがエゴかガイドかのどちらに従っているかで決まります。エゴの目的は、「自分が自分の創造主として自分を作る」ことです。そのため、エゴは「他と分離している自分の現実感を演出したもの」として肉体を見せています。エゴにとって肉体は「分離している自分」の象徴であり、その人生は「他と分離している特別な自分の証明」という物語となっています。

一方で、ガイドの目的は、「自分という夢から全一である霊へ目覚める」ことです。ガイドにとっては魂としての体験も肉体も、「自分」を作り出す仕組み全てが夢なのです。ガイドにとって肉体は、「今ここで目覚めを選択した魂の癒しの神殿」として利用されます。肉体は「癒しの神殿」の象徴であり、人生は「癒しの道」の物語です。

肉体を「分離している自分」の象徴と見るか「癒しの神殿」の象徴と見るかは、あなたが肉体をエゴに従って見るかガイドを通して見るかによるのです。

あなたが「癒しの道」において霊と魂のつながりに気づきがない間は、肉体は「分離している自分」の象徴としてエゴが利用しています。そのため、肉体を中心として「自分」を見ると、心のどこかに「私は孤独である」という思いが生じます。「孤独」というのは「分離の思考」で見た自分自身への思いであり、実際はそれは自らの分離感を演出したものであるために、「孤独」に集中すると霊とのつながりが歪んで「苦しみ」が生じます。

記憶もドリーミングされたもの

「意識を向ける、思う、想像する、注意する、集中する」は、どれも魂の力を使う意志ですが、「思い込む、執着する」は、意識がそこから離れないようにドリーミングを強化させる意志であり、習慣化すると深層意識に引き継がれて意思となり繰り返されます。自覚可能な意志であるなら、それを止めてドリーミングを手放すことがいつでもできるため、魂の軸の歪みにはなりません。しかし、無自覚な意思となると、深層意識の中で繰り返され強化されるパターンとなって、魂の軸を歪ませる原因となります。

ドリーミングされる前の「情報とエネルギーと意識（想念）」は「意識の場」の外にあり、それを「記憶」と言います。魂が開かれていない間は記憶そのものを認識することはできませんが、「思い出す」ことで、記憶があったことを認識できます。「思い出す」ことは「ドリーミングする」ことなので、「意識の場」で体験されます。思い出されなくても記憶は魂に蓄積されていて、そこに意味を持たせている無自覚的な意思によって保たれています。

「集合的な魂」にも記憶はあり、それは元型と呼ばれています。元型は、その「集合的な魂」に属する魂たちに共通してドリーミングされるパターンです。当然、個人的無意識や集合的無意識といった「意識の構造」の深いレベルにある記憶は、簡単に認識できるものではありません。

記憶に体験可能な「形」を与えることをドリーミングと言いますが、抽象的な記憶にどのような「形」を与えるかは、その記憶の意味によります。目の前にドリーミングされたコップにさえ、「魂の中にある一つの記憶をどのような姿として表現するのが適切か」という意思の働きがあるのです。

ドリーミングされる前の記憶にも、意識（想念）が含まれています。それは個人的無意識か集合的無意識の想念で、意味がある（価値が高い）と思われている記憶にはエネルギーを注ぎ込んでいます。その記憶を「意識の場」でどのように表現するのかは、「自分」にとってのその記憶にどれほどの意味があるのかによって決定されます。記憶の価値は意識的に決めていても無意識的に決めていても構わないのですが、意味がないとドリーミングしようという動機も意欲も湧かないのは無意識も表面意識も同じです。

集合的無意識にある強い記憶も変えられる

動機や意欲といった内面的な心の動きは意味に基づいていますが、その後の実際の行動（振る舞い）も意味に基づいています。肉体は「分離の象徴」としてのドリーミングであると同時に、物質的な世界で「振る舞いを表現する」ためのドリーミングでもあります。

肉体として振る舞い続けた期間は、人生と呼ばれます。ある程度の長い期間、肉体として振る舞い続けてきたなら、その期間全体を思い返せば、人生で繰り返されている振る舞いのパターンに気づけるかもしれません。それは行動のパターンや、ある状況における思考と感情のパターンや、ある場面における選択のパターンです。

たとえば、「初めて人と会う時はいつも緊張して不安な気持ちになり、自分の意見を伝えることができず相手の意見に流されてしまう。後になってから、あの時こう伝えておけばよかったと後悔する」といったパターンが人生にあると、その人は「人と会うと自分を自由に表現することができず窮屈な思いをするので、ストレスなく過ごすには一人で生きていくしかない」と考えるようになるかもしれません。この人の人生の目的は、「分離の強化」になっているのでしょう。しかし、ある時、勇気を出して自分の意見を伝えようと思ったなら、この人のそれまでの人生のパターンは変わるかもしれません。

魂における記憶の意味（価値）によっては、そのパターンはなかなか変えられないこともあります。そのため、勇気を出して表現しても、すぐに人生は変わらないかもしれません。それでも、諦めずに何度も何度も勇気を出してチャレンジすれば、そのチャレンジが記憶の意味を薄く削り取っていくように軽くしていき、ある時、人生が変わる体験をすることでしょう。「あきらめずに繰り返し意志を持ち続ける」ことを「コミットメント」と言いますが、これは強い意味を持った記憶を変える魂の力の使い方の一つです。長く続ける想念は、集合的無意識にある強い記憶をも変える作用があるのです。

「自分」の観念の強化か、「癒しの道」か

肉体に対するエゴの意味は、「分離した一つの存在としての自分」です。このことは話したり歩いたりといったさまざまな振る舞いにも表現されており、日常的に「自分」を表現していることになっています。悩んで判断する頭を持ち、欲求や孤独を感じる心を持ち、快楽や痛みを感じる体を持ち、世界を体験する感覚を持っているという全てが「自分」の表現です。

さらに、魂の特性によっても違いはありますが、肉体の各部位は何かの象徴としてドリーミングされています。たとえば、手は「操作する、表現する、与える、受け取る」象徴であり、足は「移動する、前進する、立ち止まる、後退する」象徴の表現です。肉体の中にもさらに細かな象徴が表現されており、これらは「自分」のこの世界での「あり方」を表していますそして、そのようにある「自分」がどのように

振る舞うのかを通して、人生にあなたの思いが表現されていきます。人生とは体験であり、そこにも「隠れた目的」があるのです。

演劇でたとえるなら、登場人物は象徴であり、人生とは物語だと言えます。物語には、必ず何を物語りたいのかという目的があります。意味も目的もないものはそもそも記憶されませんし、「意識の場」でドリーミングされることもありません。そのため、あなたが道端で見かける小さなゴミでさえ、あなたの人生において意味をもつ小道具なのです。

物語は、集合的無意識や個人的無意識にある記憶を継承して表現されます。たとえば、王家に生まれるのか、それとも農民に生まれるのかは、あなたの個人的な目的と集合的無意識の目的のすり合わせによって決定します。生まれた後の「自分」ではどうしようもないことであっても、すでに「自分」の目的が達成される「形」で生まれてきているのです。あなたの「意識の場」にドリーミングされている他者の人生がどれほど辛く見えていても、あなたの人生という物語に最適な象徴として登場している人物なのです。そのため、決してそこに見えている魂が辛いのではありません。その姿はあなたの物語においては、「弱さ」や「愚かさ」や「被害者」といった象徴なのです。

人生という物語の中で初めから何が設定されていようとも、あなたはいつでも自らの選択のもとに振る舞いを変えることができます。そのため、他者の辛い姿を見た時に、それを「弱さの象徴」と見るのか「強さの象徴」と見るのかは、あなたに委ねられています。たとえ弱く見えていても、その者の中にある魂の強さを信頼することができるなら、その瞬間にあなたは「そのように見る」という選択をすることで人生の物語を変えることができます。

目的は常にエゴかガイドに委ねられているので、「自分」と相手との違いに目を向けてその体験を通して「自分」の観念の強化に使うのか、それとも相手の中にも確かにある魂の輝きに目を向けてその体験を通して「癒しの道」とするのかは、その時のあなたの選択によります。人生での振る舞いを選択したり、「自分」とはどのような者であるのかを表現するのは、生まれた後からでも可能なのです。

ドリーミングに表れる象徴と物語

ドリーミングは単体で表現されることはなく、そのドリーミングが表現される背景としての環境も必ず同時に作られています。たとえば、「魚」というドリーミングを表現したいのなら、「水」も同時に表現されなければならないということです。そのため、魚は、水とのつながりによってドリーミングされていると言えます。

環境は「自分」以外のさまざまなものも存在している空間であるため、集合的無意識の記憶が色濃く表現されています。最も大きな環境は、「世界」や「宇宙」と呼ばれています。世界には時間と空間と次元以外に、そこにつながっているさまざまな魂たちのドリーミングも含まれています。

象徴と物語は、ドリーミングの表れ方が違っても仕組みは同じです。その正体は、「情報とエネルギーと意識（想念）」による記憶のパターンです。個の魂は、肉体は「自分とは何者か」という物語として表現しています。象徴も物語も癒しを拒んでいるなら一生を通して変わることはなく、次の一生でも前世と同じパターンとなります。それでも、ゆっくり癒しは進んでいき、いつかは完了します。「集合的な魂」は、社会は私たちの象徴として、歴史は私たちの物語として表現しています。「集合的な魂」も、集団全体で一人のように振る舞っています。

ドリーミングは個の魂の「意識の場」の中で作られているので、肉体も環境も人生も歴史も、「自分」を中心として一つのつながりの上に表現されています。そのため、社会で起きているどのようなことも、どれだけ離れているところで起きていることであっても、地球や宇宙で起きている自然現象も、「自分」を形作るのに必要のないドリーミングはありません。遠い国のことであっても、そのニュースを目にしたなら、その時それは「自分」を形作るのに何らかの意味があったのです。このように、象徴と物語は、空間と時間を超えて「自分」を形作るドリーミングなのです。

集合的無意識を共有する魂は、影響を与え合う

「集合的な魂」の中には、象徴の元型だけではなく物語の元型も記憶されています。そのため、同じ集合的無意識を共有する個の魂が体験する社会には、時代や土地を超えて共通する神話や歴史があるのです。

物語という記憶には、「初めがあり、終わりがあり、全体で何かを表現する」という目的があります。人生における目的は、「ある時あるところに肉体を持って生まれ、さまざまな経験をしながら成長して、肉体の死によって終わり、自分はどんな存在だったのかを表現する」ことです。あなたは今、人生を通して「自分はどんな存在なのか」と表現しているでしょうか。それは、気づけばいつでも変えることができますが、気づかなければ変わることはありません。当然、どのような目的であっても、エゴに従っているか、ガイドに従っているかのどちらかが土台となっています。

生まれずに死を迎える魂や生まれてすぐに死を迎える魂の意味は、その個の魂にもありますが、そこに関わる集合的無意識としての他の魂にもそれぞれあります。その意味は魂によって違い、それぞれが「自分」の人生の経験として、どういう意味を持つのかを決定しているのです。こうして同じ集合的無意識に属している魂たちは、お互いに影響を与え合いながら、それぞれの魂に保持する記憶とその強さを決定しています。一つひとつの魂が決定することは、その魂が属している「集合的な魂」に保持される記憶とその重要さにも関わってきます。「集合的な魂」とそこに属する個の魂たちは、相互に依存している関係を持っているのです。

家族も、「集合的な魂」の一つのグループです。子というドリーミングが表現されるのであれば、その背景である親も同時に表現されています。親と子は集合的無意識では近いつながりがある魂であるため、顔や声といった肉体的な象徴だけではなく、性格や生き方など人生の物語に影響するさまざまな要素で関係があります。

魂は世界を超えており、世界はあなたの目的によって選ばれる

ドリーミングは魂に属していて、魂は一つの世界を超えているため、親子の肉体的なつながり以外のつながりも集合的無意識で継承されています。たとえば、生まれ変わりとして、前の魂の記憶を次の肉体に継承することもあります。前の経験の時に肉体の一部を欠損し、その記憶を次に継承すると、次の肉体は前と同じ部分が欠損した状態で表現されるのです。もしそうであれば、その欠損には、その人の魂において重要な意味があることになります。

魂は世界を超えているために、同じ時間軸だとしても未来から過去に生まれ変わることもありますし、違う時間軸を持つ別の世界から生まれ変わってくることもあります。このことは魂の知覚が開かれれば、当然のことのように理解できます。

肉体から抜け出た後に別の生を体験したいと思うなら、あなたは自分が受け入れることができる範囲のあらゆる世界の中から体験したい世界を選ぶことになります。体験したい世界とは、あなたが「自分」を作り出すために最適な物語を表現できると考えた集合的無意識の記憶です。

世界は、あなたの目的によって選ばれます。エゴに従った目的なら「自分」を表現するのに最適な世界を選ぶでしょうし、ガイドに従った目的なら癒しに最適な世界を選ぶでしょう。ただし、どのような世界にいたとしても、癒しに最適ではない世界はありません。エゴに従って生まれてきたとしても、いつでも

ガイドの癒しを受け取ることは可能です。ガイドは時空を超えて、いつでも癒しを与えます。

あなたが世界を選んだ後は、その世界を体験するための「意識の場」を準備して、その中でドリーミングを行います。当然、魂はわざわざ自ら世界を体験することなく、世界をただドリーミングの外側から観察することも可能です。流れている映画を見るだけでもいいし、その中に入って体験してもよいのです。体験することなく見ることは、魂の知覚が開かれていないとわからないのですが、すでに体験したかのようにその記憶だけを受け取るということです。

どのような世界を選んで生まれても、その目的は変えられる

どちらにしても、魂としてあるだけで、「集合的な魂」の「意識の場」においては「分離の体験」をしていることに違いはありません。つまり、すでに魂は、エゴを土台として作られた夢の一部になっているのです。魂は自らの中に、入れ子状態にどんどん新しい魂を作り込むことが可能であり、奥に入り込めば入り込むほど霊を忘れていくことになります。

魂は自らの中に新しい魂を作ることはできても、それを消去することはできません。何をしても抑圧か切り離しにしかなりません。完全に消去するとは本来の状態に戻すことなので、それができるのはガイドしかいないのです。

世界に肉体を持って生まれ出た後は、魂で決めた目的をすっかり忘れて生きているかもしれません。それでも、魂においては全く問題がありません。魂の場は時間も空間も超えているために、生まれ出る世界はすでに最初から最後まで全て納得の上で選んでいるからです。目的が達成できると信じたからその世界の体験に入り込んだのであって、達成できないと思ったなら、最初から達成できる他の世界を選んでいます。それでも癒しは魂を超えたところからやってくるために、魂は癒しをあらかじめ予想することができません。そのため、どのような世界を選んで生まれてきていても、ガイドの癒しを受け入れてその目的を変えることはいつでもできるのです。

ドリーミングとは、記憶である

魂が世界をドリーミングしてそこに入り込み、現実感の強い体験をする時に使う力を、意識の「焦点」と言います。意識の焦点とは、たとえるなら、「役になりきって演じようとする役者の集中力」のようなものであり、焦点を絞るとその世界の現実感が強くなり、同時にその世界に属さない記憶は思い出せなくなります。逆に焦点を緩めるとその世界の現実感は弱まり、同時にその世界に属さない魂に、元からあった記憶が思い出されます。

ドリーミングとは、記憶なのです。世界に生まれ出ることとは、その世界の記憶を引き受けることなのです。そのため、その世界に意識の焦点を合わせれば合わせるほどに、元の魂の記憶は薄れ、その世界の記憶がはっきりしてくるのは当然です。

体験するために生まれたので、その世界に没頭して現実感をたくさん感じながら生きるのは、目的に叶っていることではありません。肉体の死後にはその世界のドリーミングから離れて魂に戻りますが、魂としてのあり方を受け入れるなら、元からあった魂の記憶は取り戻されます。しかし、その世界のあり方に執着していると、魂の全ての記憶を取り戻す前に、また別の肉体として同じ世界に入り込もうとします。

ガイドに任せるなら、行き着く先は「平和」である

ドリーミングされた世界に焦点を強く合わせれば、その体験の現実感は強くなりますが、同時に魂の軸が霊の軸からずれてしまいます。それでも、さらに強く世界の体験に焦点を合わせ続けると、そこにドリーミングされている「自分」の精神と肉体の歪みも大きくなり、「苦しみ」が強く表現されます。その時、人生には、図らずとも「苦しみ」の夢が表現されはじめるのです。

「癒し」においては、意識の焦点はなるべく開放されて緩やかになっているとバランスがとられやすいです。癒しに焦点を向けているとバランスは安定するのですが、エゴの目的に従って「分離の体験」に焦点を向けているとバランスは崩れます。あえて「苦しみ」の世界の体験をしに来たというのであれば、それ

も自由ですが、そのような魂の目的はエゴに従っていることが多いでしょう。

魂の軸を歪める焦点の問題は、集合的無意識の記憶にもあります。それは、環境や歴史として引き継いでいる集合的な歪みのパターンです。その歪みのパターンは肉体よりも奥深い精神や魂の軸での強い縛りとなっているために、表現されるパターンに囚われてしまうと癒しを求める想いにも歪みが生じます。癒しを求める想いの歪みとは、癒しをガイドに求めるのではなく、集合的無意識に記憶されている「情報とエネルギー」から作り出された「神」や「悪魔」のドリーミングに対して求めることです。それは癒しを求める想いではなく、「分離の夢」を強化する想念なのです。これを、「偶像崇拝」と言います。偶像とは「分離の思考」によって作られたドリーミングのことで、崇拝とは意識の焦点を向けて想念を強化することです。

集合的無意識にある歪みのパターンは、人類全体のスピリチュアルな課題として世界にドリーミングされています。多くの個の魂たちは表面意識では訳がわからないまま「苦しみ」を体験していることでしょう。それでも、「集合的な魂」さえ超えたガイドの癒しを受け入れるなら、最初に持っていた目的がどのようなものであっても、いつでも変えることは可能です。

あなたが「集合的な魂」全体を変えようとしなくても、体験している世界を変える簡単な方法は、「癒しの道」を歩むことです。ガイドに任せるなら、どのような意味を持つどのような記憶がどのようにドリーミングされていても、あなたの行き着く先が「平和」であることは保証されています。

第5講 まとめ

◉ドリーミングには必ず目的があり、そこには象徴と物語が表現されている。

◉エゴにとって肉体は「分離している自分」の象徴であり、人生は「他と分離している特別な自分の証明」という物語である。

◉ガイドにとって肉体は「今ここで目覚めを選択した魂の聖なる神殿」の象徴であり、人生は「癒しの道」という物語である。

◉どのような世界にいたとしても癒しに最適ではない世界はなく、ガイドは時空を超えていつでも癒しを与える。

◉体験している世界を変えるには、「癒しの道」を歩むこと。ガイドに任せるなら、行き着く先は「平和」である。

第6講

開かれた魂の知覚

肉体の夢から「スピリチュアルビジョン」への知覚の解放

価値観の変化と、執着の引き起こす問題

肉体のドリーミングに意識の焦点を合わせている間は、その肉体として生きている世界の現実感が強く体験されています。しかし、大きな事故や病気など死に直面して肉体を超えた視点に達した時や、特性を生きることによって「愛の拡大」をしている時は、物質的な世界の現実感がとても弱くなり、魂の知覚が開かれていきます。

特性を生きることで魂の知覚が開かれると、「意識の場」に現れるドリーミングの価値も変わります。エゴが見せる「恐れ」の現実感が弱くなることで、肉体や物質的な世界に執着した価値観から、「平和」や「慈愛」や「喜び」といった魂の特性に合った価値観に変わります。注意が必要なのは、肉体や世界の価値が無くなるのではなく、肉体や世界の価値観が変わるのです。肉体の価値は、それが「自分」の象徴ではないということになります。たとえると、着飾ることに執着がなくなっても、着飾ることに興味がな

くなるのではなく、自らの魂の特性に従って「より心地よいあり方」になれるようなものに好みが変わるということです。

執着とは脅迫的な想念であり、それを持つと意識の焦点を絞りすぎて魂の知覚がほとんど閉じてしまいます。魂の知覚は、霊の軸からやってくる「愛と命と光」の生命エネルギーを受け取るゲートにもなっています。執着により魂の知覚が閉じ生命エネルギーが枯渇すると、他の何かからエネルギーを奪おうとし始めます。その脅迫的な想念は集合的無意識に広がり、同じような想念を発する魂たちとのつながりを強化します。そうして体験する世界に脅迫的なドリーミングが多くなり、ますます「苦しみ」が強くなるのです。それが執着の問題です。

それぞれの魂には、ドリーミングの特性がある

魂にはドリーミングの力がありますが、その魂の特性によってドリーミングの質感が変わります。視覚的なドリーミングの表現に優れている魂もあれば、聴覚的なドリーミングの表現に優れている魂もあります。また、肉体に属していないドリーミングの表現に優れている魂もあります。そのような魂は、時空を超えた知覚が開いています。魂の知覚が開いていたとしても、物質的な世界に焦点を絞っている魂たちと同じ集合的無意識でつながっていますから、「癒しの道」では先に進んでいるわけでも遅れているわけで

もありません。また、お金を稼ぐことが得意な特性を持っている魂や、人から好意を向けられやすい特性を持っている魂など、その社会での優位性は出てきますが、社会的な優位性は「癒しの道」と全く関係ありません。

「癒しの道」は、あなたがガイドと共に歩む道です。あなたが「癒しの道」を選ぶなら、その影響はあなたが属している集合的無意識全体に広がりますが、そのことで優位性が高くなることはありません。ただし、あなたの魂にはあなたの魂の特性としての得意な生き方があります。特性を生きるのであれば、決して苦しい生き方にはなりません。「苦しみ」は軸の歪みの表現であって、特性は軸の歪みを正すことで発揮される本能のようなものだからです。特性を生きると、その分野から魂の知覚は開かれていきます。

霊の軸とのバランスを保ったまま魂の知覚を開くには

肉体は物質的な世界の体験の土台となっているため、意識の使い方やガイドの癒しがよくわからないまま魂の知覚が開かれて肉体の体験が変わってしまうと、その世界に属していないさまざまなドリーミングが無自覚的に次々と生み出されてしまう奇妙な体験が始まります。そのような時には、物質的な世界の現実感も弱くなっているため、次々と現れるあらゆるドリーミングに現実感を感じて混乱してしまいます。それは、精神の軸の歪みです。当然、その世界での社会生活に支障が出てしまいます。

ガイドによる癒しによって魂の知覚が開かれる場合は、軸に歪みは生じません。魂の知覚は魂に属しており、ガイドに属しているものではありません。そのため、エゴの視点であっても、魂は知覚を開くことが可能です。その混乱が、「特別な自分」の演出として人生に必要であるという無意識の意思が働くと、軸の安定のないところでも知覚は開かれてしまうのです。

霊の軸とのバランスを保ったまま魂の知覚を開くには、「癒しの道」の上でガイドとつながっている必要があります。ガイドは癒しへ導く力ですから、魂の知覚も安全に開かれるように調整されます。しかし、エゴに従って魂の知覚を開いてしまうと、混乱によって「何が癒しの道で、何が自分の強化につながるのか」がわからなくなります。混乱する理由はエゴに従ったためなので、「自分の強化」の方向が正しいという自動思考が働きます。それを正直な心の声だと勘違いすることで、さらに混乱は強くなってしまうのです。あなたの心の声がガイドに従っているのかどうかわからないなら、何もせずに、ガイドとつながりたいという意志を発し続けるのが安全な選択です。

エゴに従って魂の知覚を開くと起こること

魂の知覚が開かれると、物質的な世界への焦点が弱くなるので、非物質的なエネルギーや肉体のない魂の姿も知覚されるようになります。しかし、「癒しの道」の上にないと霊の軸でバランスがとれた明晰な視点が失われるために、知覚されたものと「自分」の判断の正しさに執着して精神の軸の「静寂」が失われてしまうのです。

混乱によって脅迫的になった視点は、他の魂たちに対して攻撃的に振る舞い出します。それは間接的には自らの魂への攻撃と同じであるために、ますます「苦しみ」が強くなり、それに伴って混乱も強くなります。さらに、混乱によって象徴としての肉体や物語としての人生の価値が著しく低下してしまうと、自死へ向かう破壊的な衝動に駆られることもあります。そこには「肉体や人生が苦しみの根源である」と信じる混乱があります。

それは、自ら表現したドリーミングを攻撃することです。攻撃すればするほど「苦しみ」は強くなりますが、混乱のせいで「苦しみ」の正体に気づくことがないため「癒しの道」からは遠く離れてしまいます。自死というのは、「自分」の肉体は死んでも、「自分」の正しさは証明されると考える不思議なエゴの罠なのです。この記憶も魂には残りますので、癒しを受け入れるまで、次の世でもその想念は引き継がれます。

さらに、集合的無意識に混乱が入り込むと、そこに属している魂たちにも混乱が広がります。集合的無意識において混乱のパターンが記憶され強化されると、「集合的な魂」の癒しは停滞します。「集合的な魂」において、いつガイドの癒しを受け入れるのかが課題となります。

「集合的な魂」が他の「集合的な魂」とつながる方法

混乱が入り込んだ集合的無意識が再び純粋にガイドとのつながりを取り戻すには、一人の個の魂の努力では不可能です。しかし、集合意識全体においては癒しは必ずどこかで起きているので、混乱した「集合的な魂」に対しては、「癒しの道」を進んでいる他の「集合的な魂」が救済のためにつながります。彼らもまた霊の軸に自らの魂の軸を合わせながら「癒しの道」を歩む同じ仲間ですが、彼らは混乱のパターンとしての象徴と物語に縛られてはいません。その理由は、彼らの魂は霊の軸に合わせられていて、ガイドを忘れてはいないからです。

ガイドを忘れていない「集合的な魂」は、混乱のパターンが刻まれてしまった「集合的な魂」の中に自らの中にある魂を転生させてつながります。そうすると、混乱した「集合的な魂」の中に混乱していない個の魂が転生します。当然、そのままでは、その魂もいずれ集合的無意識の影響を受けて混乱してしまいます。そのため、ガイドを忘れていない「集合的な魂」の中に、転生した魂とのつながりを保ち続ける他の魂を残して、「癒しのグループ」として関わります。これが「集合的な魂」が、他の「集合的な魂」とつながる方法です。

この仕組みは、混乱した「集合的な魂」を救うという一方的な理由で生じているのではなく、ガイドを忘れていない「集合的な魂」においては、自らの「癒しの道」の一つのプロセスとして認識されています。あなたが属している集合的無意識にはすでに混乱のパターンが生じていますが、他の「集合的な魂」からの「癒しのグループ」も多く関わっているために、今まさに混乱が癒されようとしています。

「集合的な魂」が純粋なガイドを知る時

ガイドは、意識を混乱のパターンへの執着から解放して霊の軸へ合わせ、そこから魂の知覚を開くように作用します。さらに、ガイドを思い出せるように、「癒しのグループ」もサポートに来ています。彼らにとってサポートは自らの魂の癒しのためであって、他の魂の癒しを手伝っている考えはありません。彼らはガイドを忘れた魂たちと同じように「意識の場」に生まれ、再び霊の軸とのつながりを取り戻すように共に癒しています。

彼らの集合的無意識に対する癒しは、一回の人生では難しいですが、何度も生まれ変わりを繰り返し、他の魂たちに影響を与えながらガイドと共に進めています。彼らを同志として受け入れて協力し始める個の魂も多く出始めますが、慣れ親しんだ集合的無意識に異変を感じて「恐れ」を持つ個の魂たちもいます。それは集合的無意識の中に葛藤を作り出しますが、癒しはガイドを通してなされるために、その葛藤も緩やかに解消されていきます。

やがて「集合的な魂」は混乱のパターンから解放されて、象徴と物語ではない純粋なガイドを知ることになります。「癒しの道」が進んで知覚がガイドによって安全に開かれた魂たちは、次の「癒しの道」として、混乱している他の「集合的な魂」の癒しに関わり始めます。「集合的な魂」にも特性はありますから、「集合的な魂」の「癒しの道」もそれぞれなのです。他の「集合的な魂」とつながることは、「意識の構造」においては上位の層の癒しに取り組み始めることなので、より大きな「集合的な魂」の「癒しの道」が始まることになります。そこには新しい特性もあり、いずれその「集合的な魂」の知覚も開かれていきます。

「シャーマニックビジョン」と「スピリチュアルビジョン」

どのような知覚が開かれやすいのかはその魂によるのですが、どこから開き始まっても最終的には全ての魂の知覚は開かれます。魂の知覚が開かれると、意識の焦点は開かれた範囲で自由に調整が可能となります。そして、意識の焦点に合わせて体験されるドリーミングは変わります。一つの世界の体験をしながら、意識の焦点を別の世界に合わせることも可能です。その場合は、肉体の目ではなく、「魂の目」で見ることになります。

魂の目で見る「ビジョン」は、意識の焦点の違いで、「シャーマニックビジョン」と「スピリチュアルビジョン」に分けられます。

「シャーマニックビジョン」はエゴに属していますが、物質の表面を眺める肉体の目とは違い、時空を超えた非物質的な世界を見ることができます。このビジョンでは、一般的にオーラと呼ばれる肉体を表現している「ドリーミングの場」、一般的に幽霊と呼ばれる肉体を表現していない「魂の場」、土地のオーラである自然環境にある「ドリーミングの場」、千里眼と呼ばれる能力で捉える「空間を超えた場」、未来予知と呼ばれる「時間を超えた場」、アカシックレコードと呼ばれる自らが属している集合的無意識の記憶の「場」、チャネリングと呼ばれる「さまざまな魂の場」などを見ることができるようになります。

一方、「スピリチュアルビジョン」は霊の軸に関わり、ガイドの作用によって癒しに必要なものを見ることができる力です。このビジョンを見るには、初めにガイドを受け入れて霊の軸に意識の焦点を合わせる必要があります。ただし、ガイドによって「明晰な視点」を受け取らずに霊の軸に意識を合わせても何も見えず何も感じないため、「虚無」と思い込んでしまいます。この暗闇は、エゴの拒否反応です。霊の軸は魂を超えているので、そのままではドリーミングできません。自らの魂の霊の軸とつながっている「場」をドリーミングするには、それをドリーミングすることが可能な「明晰な視点」が必要です。その視点は、「愛と命と光」の「光」の側面で、「明晰なスピリチュアリティ」と言います。「スピリチュアルビジョン」とは、「明晰なスピリチュアリティ」によってドリーミングされたものなのです。

「シャーマニックビジョン」はエゴに属するので、そこに執着すると魂の軸に歪みが生じることがあります。「スピリチュアルビジョン」は霊に属するので、それを受け入れるなら魂の軸は霊に合わせられて歪みは解消されます。つまり、「スピリチュアルビジョン」を見ようとすること自体が、「癒しの道」を歩む意志を示すことなのです。ただし、「シャーマニックビジョン」を見ることは、決して「悪い」ことではありません。執着しなければ、それはただのドリーミングです。「シャーマニックビジョン」をどのような目的で使うのかは、その魂の自由です。「苦しみ」があれば癒して軸に戻ればいいのです。問題があるとすれば、「苦しみ」に気づかずそのまま執着へ向かうことです。

「スピリチュアルビジョン」を引き起こす力は霊に属していますが、ビジョンは知覚であるために、それ自体がエゴに属しているのは「シャーマニックビジョン」と変わりありません。そのため、「スピリチュアルビジョン」が使えても、まだ「癒しの道」の途中です。

「癒しの道」はガイドと共に進みますが、その道の途中をどのように体験したいのかは魂の自由です。あえて自ら魂の目を隠して「暗闇を楽しみたい」というのも決して悪くはないし、「苦しみ」ながら歩みたいということも自由です。問題があるとすれば、自ら選択している自覚がないことです。自覚なく「苦しみ」を体験すると、被害者意識を持つことになります。被害者意識を持つと加害者を引き受ける魂とつながり、お互いに協力し合って、人生において被害者と加害者の物語がドリーミングされます。この協力関係は集合的無意識の中で取り交わされる「契約」なので、本人たちの表面意識に上がってくることはありません。

「光の存在」と「スピリチュアルビジョン」

魂の知覚を開くなら、自らが無自覚的にしている多くの契約に気づくことになるでしょう。契約に気づくことができたなら、あなたはいつでも自由にそれらの契約を破棄することができることも知るでしょう。ただし、その契約が集合的無意識の中で繰り返されてきた根深いパターンになっている場合は、そこに関わっている他の魂たちの抵抗が現れるのは避けられません。その時にあなたがあきらめると集合的なパターンは強化されるので、注意が必要です。

契約されたパターンを解放したいのであれば、常にあなたとガイドが強くつながっている必要があります。他の魂たちの抵抗にあっても、あなたがガイドを受け入れることをあきらめなければ、多くの魂も一緒にその「苦しみ」のパターンから解放されます。

さらに、あなたがガイドを受け入れると決めたならば、その意志に反応して「癒しのグループ」に属する多くの魂たちもつながってきます。「癒しのグループ」の魂は「シャーマニックビジョン」では輝いている神聖な存在のように見えるので、彼らを「光の存在」と呼んでおきましょう。「光の存在」は象徴や物語のパターンを超えたガイドとのつながりをあなたに思い出させるように関わります。「光の存在」は、あなたに自らを崇めさせることは決してせず、あなたに礼儀を尽くせとは決して要求しません。「光の存在」とあなたとの間には、常に「対等さ」があるのです。「対等さ」は、「癒しの道」においてとても重要な視点です。「光の存在」は自らの癒しとしてあなたに関わっているので、あなたに何も求めてはいませんが、それでもあえてあなたが彼らに差し出せるものがあるとすれば、それは「癒しを求める誠実さ」です。「光の存在」は、あなたに仲間に加わってほしいのです。そして、自らの責任として「癒しの道」を歩んでほしいのです。

「光の存在」は「恐れ」を見せることは決してありません。その理由は、あなたの「恐れ」を強化して「苦しみ」の世界が現実であることを教えるのではなく、恐れているものの真の姿を教えてあなたが「苦しみ」の世界から目覚められるようにサポートするからです。「光の存在」があなたを癒してくれているように見えるかもしれませんが、実際は彼らもガイドとつながってあなたの癒しをサポートしているのであって、彼ら自身に癒しの力はないことは彼ら自身がよく理解しています。そのため、もしあなたが癒しについて彼らに質問をしたなら、彼らはガイドについて話すことになります。彼らのテレパシーを歪みなく受け取るには、やはり「明晰なスピリチュアリティ」が必要です。「シャーマニックビジョン」で彼らをドリーミングできたとしても、彼らの伝える内容を理解するには、先にあなたの視点がガイドによって癒されていなければならないのです。これは上下関係ではなく、単なる視点の違いです。エゴの概念でガイドの癒しを理解するのは不可能だということです。

ガイドを受け入れてあなたの魂が霊の軸に整うと、やがて魂の知覚は開かれます。さらに癒しが進めば「明晰なスピリチュアリティ」の視点が思い出されて、「スピリチュアルビジョン」を受け取れる状態となります。あなたの魂には「光の存在」がついていることもわかるでしょう。その時には、「癒しの道」は決して一人で歩んでいるものではないとわかります。

第6講

まとめ

◉肉体を超えた視点に達した時や、特性を生きている時は、魂の知覚が開かれていく。

◉執着を持つと、魂の知覚は閉じてしまう。

◉魂の知覚は、「愛と命と光」の生命エネルギーを受け取るゲートにもなっている。

◉「シャーマニックビジョン」はエゴに属しているが、時空を超えた非物質的な世界を見ることができる。

◉「スピリチュアルビジョン」は霊の軸に関わり、ガイドの作用によって癒しに必要なものを見ることができる。

ガイドの授業

第4限

「エゴの罠」と「癒しの道」

部分から全体へ、
全体から全一の霊へと
目覚めるのが「癒しの道」である

「エゴの罠」は
「癒しの道」への入り口である。

世界は魂によるドリーミングであることに
気づきながら霊を思い出す
幸せな帰路である「癒しの道」である。

第1講

癒しの機会

「エゴの罠」は「癒しの道」の入り口である

「苦しみ」とは感情だけの問題ではない

「苦しみ」には、気づきやすいものと気づきにくいものがあります。最も気づきやすいのは、肉体的な「苦しみ」です。怪我や病気だけではなく、普段の姿勢や歩き方の癖などから生じる肉体的な「苦しみ」もあります。次に気づきやすいのは、つらいことを言われた時や大切なものを失った時の心の痛み、不安や恐れなど感情の「苦しみ」でしょう。なかなか気づきにくいのは、思考の「苦しみ」です。過去を考えることで生じる後悔、他人への嫉妬や恨みといった「苦しみ」もあれば、未来を考えることで生じる不安といった「苦しみ」もあります。現在においても、人間関係や仕事、運のなさや生きていることそのものの「苦しみ」というのもあるでしょう。

ネガティブな感情はネガティブな思考から作られることもありますし、体の不調から作られることもあります。また、ネガティブな感情が肉体の不調を作り出すこともあります。思い込みによって体調も感情も変化するので、思考が肉体の不調を作り出すこともあります。また、心と体の変化には、環境も大きな影響力を持ちます。環境の変化は感情も体調も変化させ、思考も変化させます。感覚も感情も思考も環境も、あなたの意識の中に現れる体験で、それらは複雑につながり合っています。そのため、感情における「苦しみ」は感情だけの問題ではなく、そこには環境も体調も思考も関わっているのです。

魂の「苦しみ」には気づくことが難しい

「苦しみ」の中でも最も気づくことが難しいのは、魂の「苦しみ」です。魂の軸が霊の軸から離れることで、そこに「苦しみ」が生じます。無意識の奥深くからやってくる魂の「苦しみ」は、肉体や精神の「苦しみ」に映し出されて表面に現れるために、認識することが難しいのです。

魂は、霊の軸につながることで、ガイドを通じて健康で元気に生きるための生命力や、自らの特性にしたがって愛を表現する情熱と意欲や、感謝や慈愛を感じる心を受け取ります。ガイドから受け取るこれらの恩恵は、「癒しの道」を歩むために使われます。「癒しの道」は一つひとつの魂の特性に合わせて違いがあるので、体が健康になって心が落ち着いて頭が良くなるということではありませんが、霊の軸に合っているのなら、肉体や精神における「苦しみ」が表現されることはありません。しかし、どのような魂も霊から離れていることに変わりはなく、「癒し」が終わるまでは純粋な魂の「苦しみ」はあります。

純粋な魂の「苦しみ」とは、とても深い「恐れ」です。その根元にあるのは、全一性である霊から離れたという思い込みによって生じる分離感です。霊からの分離によって取り返しがつかないことをしてしまい永遠の加護を失ったと思うことから感じる「絶望感」と、多くの魂たちとは分離したままであり、病気の時も死ぬ時も転生する時も一人だという「孤独感」を生じさせます。それはまるで大いなる平安と切り離され、糸が切れた凧のように常にふらふらと無限の時空を彷徨いながら、何者かわからない「自分」がここにいるという状態です。この絶望感と孤独感によって、どの魂も、全一である霊から分離することの引き換えに常に「恐れ」を抱えることになったのです。

魂の軸は肉体と精神の軸を支えているので、魂の「苦しみ」が肉体と精神にも表現されてしまうのは仕方がないことです。霊の現実に完全に目覚めるまで「癒しの道」は続きます。深い夢の底にある魂にとって、その道のりは長く感じられるでしょう。それでも、霊の現実への急激な浮上にはとても耐えられないので、「癒しの道」はあなたが耐えられるレベルで進んでいくのです。

エゴの目的は、たった一つの特別な「自分」を表現すること

純粋な魂の「苦しみ」を作り出しているのは、エゴという「分離の思考」です。でも、エゴはあなたに恨みがあって「苦しみ」を与えているのではありません。エゴの目的は、「全一である霊から分離した一

つの存在を作ること」です。エゴの目的は徹底していて、たった一つの特別な「自分」を表現できるのなら、肉体が生きているか死んでいるかは問題になりません。「自分」を表現できるのなら、肉体の病や死も選択の一つになります。エゴにとって肉体は、「自分」を表現する道具の一つなのです。この道具の効果を高くするには、あなたの執着が必要です。執着があれば、そこに現実感が生まれるからです。あなたが肉体に執着すればするほど、肉体は「自分」を強化するために使えるようになります。

あなたに肉体への執着がないのであれば、そこに「自分」を感じることはできません。肉体への執着がないとは、死を選ぶことが簡単になるということではありません。むしろ、生きるべきか死ぬべきかと悩むなら、あなたは肉体に執着しています。肉体に対して「自分」の現実感を強く感じているからこそ、悩むことができるのです。「癒し」において大切なのは、生きるべきか死ぬべきかを悩むよりも、今どうありたいのかを大切にすることです。あなたの「あり方」が絶望であるなら、死を選択することもできるでしょう。でも、あなたの「あり方」が愛であるなら、死の選択に迫られる状況というのは、なかなかないことはわかるはずです。

エゴはあなたに「自分」という幻想を信じ込ませるために、肉体に現実感を与えているのです。このように、あなたに「自分」を作らせて、そこに現実感を与えるエゴの仕組みのことを「エゴの罠」と言います。「苦しみ」があるのなら、その下には必ず「エゴの罠」が仕掛けられています。そのため、「苦しみ」を通して「エゴの罠」を発見することができるのです。つまり、「エゴの罠」は、「癒しの道」の入り口なのです。

エゴという思考はあなたの無意識の根底にあるので、エゴそのものに気づいたり理解したりすることは難しいでしょう。それでもあなたは「苦しみ」に気づくことはできます。「苦しみ」に気づいたなら、そこに「エゴの罠」があることがわかります。「エゴの罠」を発見することができるのは「苦しみ」に気づくことができるあなたですが、それを解くのはガイドです。あなたが「エゴの罠」をガイドに差し出した分は、速やかに解除されます。それが「癒し」の実践です。

「エゴの罠」はとても多く仕掛けられていて複雑に絡み合っているので、一つ見つけても「癒し」はそれほど強く体験できないかもしれません。それでも確実に「癒しの道」を進んでいます。

「エゴの罠」を見つけてガイドに差し出し続けることで、ある日、大きな「癒し」の体験をするでしょう。その時は、あなたが霊を思い出した時です。それがほんの少しだけ思い出されたことであっても、きっと大きな感動に包まれることでしょう。あなたはその感動のことを、「感謝」や「自由」や「平和」と呼ぶかもしれません。

第1講 まとめ

◉肉体と精神に生じているさまざまな「苦しみ」は、複雑につながり影響し合っている。

◉魂の「苦しみ」とは、分離の「恐れ」から来る絶望感や孤独感である。

◉「苦しみ」の下には必ず「エゴの罠」が仕掛けられている。「エゴの罠」をガイドに差し出し続けることで、「癒し」を体験できる。

第2講

「エゴの罠」

「分離の夢」から目覚めないように、エゴは「反転と反復と反逆」のトリックを仕掛けている

エゴは夢に集中させるために、抑圧された感情を刺激する

あなたがどんなに注意深く「癒しの道」を歩んでいたとしても、必ず「エゴの罠」でつまずきます。たとえ一時的に気分が落ち着いても、「自分」の軸に戻りやすいうちは「エゴの罠」に注意が必要です。エゴの望みは、あなたに「自分」として存在している現実感を感じ続けてもらうことです。そのため、「分離の夢」から覚めてしまわないように、夢に集中してほしいのです。

あなたを夢に集中させるには、抑圧された感情を刺激するのが得策だとエゴは考えています。魂には分離によって生じた「恐れ」があり、そこから発生した「絶望感」や「孤独感」もあります。これらの魂の「苦しみ」は、意識の深いところに抑圧されています。また、夢の中に登場する物や人や世界に「執着」させるのも効果的です。夢に価値があるうちは、霊の現実の価値を忘れていられるのです。そのためにエゴは、日常のあちこちに夢に集中させる罠を仕掛けています。これを「エゴの罠」と言います。

エゴにとっての罠は、決してあなたへの攻撃ではなく、あなたに「自分」という夢を見続けてもらうための思いやりなのです。エゴはあなたに「癒しの道」を選んでほしくないために、あなたを混乱させるさまざまな罠を仕掛けています。とりわけ大きな「癒し」が関わっているところには、大きな罠を仕掛けています。

エゴとは、「存在」ではなく「思考」である

エゴとは、「全一性から分離して、自分が自分を作り上げることは可能だろうか」という「分離の思考」のことです。エゴによる「自分」を体験するための計画を簡単に表現するなら、「あなたを夢の中に閉じ込めて、そこに現実感を持たせる」ということです。しかし、この計画を成功させるには、大きな課題があります。それは、目覚めへと導くガイドへの対策です。

夢とは、魂によって作られたドリーミングの体験のことです。魂が本来のあり方を忘れるくらい夢に意識を集中させることができて初めて、そこに現実感が感じられるようになります。もし、魂が夢に集中することをやめたなら、ガイドの作用で自然に目覚めてしまいます。そこでエゴは、自らの働きの全てを取り消してしまうガイドへの対策をしなければならないのです。

また、エゴは、霊とつながった何かの「存在」ではなく、「思考」であることも課題となっています。

エゴが「存在」であったなら、ガイドを通して生命エネルギーを受け取ることができます。ところが、エゴは「存在」ではないため、ガイドから生命エネルギーを受け取ることができないのです。「存在」とはそこに魂があるということで、魂なら霊とのつながりがあります。生命エネルギーとは、元を辿れば、「源」が霊に与えている「愛と命と光」です。生命エネルギーを受け取るには、霊でなければいけません。魂は目覚めれば霊なので、生命エネルギーを受け取れるのです。そのため、エゴは罠を運用するためにも、生命エネルギーを魂から供給してもらう必要があるのです。

しかし、罠だと知って自ら掛かりに行く者はいないため、罠は気づかれないように隠さなければなりません。あなたから生命エネルギーを横流ししてもらうには、それが騙す目的で使用されることに気づかれてはいけないのです。こうして、エゴには、仕掛けた罠をあなたに決して気づかれてはいけないという課題があるのです。

「エゴの罠」が簡単に解除できない理由

そこで、エゴは、罠を隠すための策として「意識の構造」を作りました。意識を、深層意識と表面意識に分離して、罠を深層意識の奥へ隠し、あなたの注意を表面意識での体験に向ける作戦です。エゴの最初の仕事は、夢の中に入った一つの意識を、無数の魂という形に分離することでした。

当然、「意識の構造」もエゴによって作られた夢であるため、それを保つには、魂たちの生命エネルギーが「意識の構造」に継続的に注がれていなければなりません。「意識の構造」に気づかれたら、すぐに罠に気づかれてしまいます。それを避けるためにも、エゴは時間の夢を作り出して、あなたの注意を時間を超えた「今この瞬間」から、過去と現在と未来という時間の夢へ向けさせました。これは、「時間の分離」という罠です。この罠によってエゴは、あなたの注意を、未来への期待と不安、過去への執着と後悔に向けさせることに成功しました。

また、「意識の場」の中に、「自分」と「自分」以外を分ける「空間の分離」という罠も作りました。それが肉体です。本当は、魂が自ら体験する世界の全てを自らの「意識の場」の中にドリーミングしているので、肉体もその外側も自らの「意識の場」としては分離していないはずです。しかし、表面意識での認識は、「肉体の知覚」に限定しています。そのため、魂の視点が肉体を「自分」だと思い込むようになり、「自分」の中と外という「空間の分離」が出来上がったのです。

「エゴの罠」は今この瞬間に無意識の中で働いているのですが、あなたの注意は未来と過去と肉体の知覚へ向いていています。「エゴの罠」が簡単に解除できない理由は、あなたが時間を超えた「今この瞬間」とは何かを忘れており、「意識の構造」を超えた全一性を忘れているからです。

エゴが生み出した三つのトリック

エゴがあなたの注意を分離の罠からそらして、その罠の結果である表面意識での体験に向けさせることに成功しても、その状態をあなたに続けてもらわなければなりません。もし、あなたが夢の体験に飽きてしまうと、すぐにガイドが目覚めさせてしまいます。罠の効果を無にするように働くガイドと戦っても、エゴは決して勝てません。元を辿れば、ガイドから魂に与えられている生命エネルギーをエゴが奪うことで夢を生み出しているので、エゴはガイドを攻撃することはできないのです。

そこでエゴは、「自分は独自の存在であり、自分が自分を作るのだ」というエゴと同じ信念をあなたに持ってもらうために、三つのトリックを考えました。それは、「反転」と「反復」と「反逆」という心理的なトリックです。どれも、あなたが「癒しの道」とは逆の方へ向かうように働きます。三つのトリックは、魂の「苦しみ」である「恐れ」を利用して「罪と罰」という観念を持ってもらうことで、継続的にエゴに生命エネルギーが流れ込む仕組みになっています。

罪と罰は、集合的無意識の中に染み込んだ深い観念です。無意識の奥にある観念なので、「自分の行いに罪など感じない」といった個人の表面意識における認識を指しているのではありません。そもそも全一性からの分離で自動的に生じる「恐れ」は、完全に「癒し」が完了しない限り拭うことはできません。そのため、「自分」による自然な振る舞いそのものにも罪が付随し、それに対する罰を恐れるという自動的な仕組みが、三つのトリックにはできているのです。

「反転」とは、「癒しの道は間違った方向であり、夢の強化が正しい方向だ」と思わせるようにあなたの判断を反転させるトリックです。このトリックは、あなたの価値観に影響を与え、「癒しの道には価値がなく、自分の強化には価値がある」と思わせます。たとえば、「自分」を強化させる罠の一つに「自立」があります。癒されないままだと、「苦しみ」に打ち勝つ強い「自分」を作り上げようとしてしまいます。「苦しみ」はさまざまな形で人生に表現されますが、どれも敵ではありません。それは「癒し」が必要であるという信号であり、大切な気づきのはずです。「自分」を強くすることで「苦しみ」に打ち勝つのではなく、「苦しみ」に気づいて「自分」を超えたガイドにつながって「癒し」を依頼するのが、「癒しの道」では大切です。「自立」の問題は、癒しを忘れていると「苦しみ」が強くなることです。「反転」のトリックが強くなると感覚にも作用して、夢から覚めようとすると「違和感」と「罪悪感」を感じてしまいます。

「反復」とは、あなたに「全一性から分離してしまった」という罪悪感を生じさせ、「罪があるなら罰があるのだ」と恐れさせるトリックです。これは、罪と罰を「反復」させる仕組みになっていて、罰から逃げ続けさせることで罪悪感を強化させます。

エゴは「反復」を時間の観念にも応用して、クルクルと回転し続ける「未来と過去」の時間の輪の中に思考を閉じ込めます。そして、あなたの注意を「未来への期待と不安」と「過去への執着と後悔」に向け続けさせ、時間を超えた「今この瞬間」に気づかせないようにしています。このトリックに掛かると、思考は忙しくなってしまい、「現在」は過去から未来への単なる通過点となります。あなたが時間の概念を超えた「今この瞬間」に気づくと、思考は「静寂」の中に至り、「反復」のトリックは止まります。このトリックの効果が強くなると、まるで時間が追いかけてくるような焦りを感じさせられます。

「反逆」とは、「自分の判断こそ信じるに値する」と思わせ、ガイドの導きを選ばないようにさせるトリックです。エゴは、「答えの出ない不安な気持ちの中であっても、ガイドの作用を信頼して静かに待つ」よりも、「自分が自分の力で自分を変える」ことに意欲を持たせて、「自分」がこの世界でどれくらい影響力を持っているのかという「エゴの効力感」を追い求めるように感情を操作します。このトリックによってあなたに「自分は他者と違い特別な存在である」という思いを強く抱いてもらえれば、「自分」が強化されるとエゴは考えているのです。「良い悪い」という判断があるなら、むしろ「悪い」ことに魅力を感じさせるのも「反逆」のトリックの効果です。なぜなら、悪ければ悪いほど「他者とは違う道を歩んでいる」ことになり、そこに「自分が特別な自分を作る」という実感が出るからです。エゴは「自分」とは何者かを探させながら、実際は「エゴの効力感」を求めさせることで、答えは決して見つからないようなトリックを作っているのです。

エゴが生み出した三つのトリックが「苦しみ」を強化する

「反転」とは「癒し」とは逆のものを選択させるトリックであり、「反復」とは同じことを考えさせて抜けられないようにするトリックであり、「反逆」とはガイドの導きに抵抗するように仕向けるトリックです。この三つのトリックに嵌ると、あなたはガイドを忘れてしまうだけではなく、霊の軸から離れて、「自分」の夢の中に「自分」の努力で「自分」の軸を作ろうとしてしまいます。

さらに、そこから生じた「苦しみ」に対しても、「癒し」とは逆の対応を選択するようになります。あなたが「苦しみ」から逃げようとすれば、その「苦しみ」は癒されないために大きくなっていきます。「苦しみ」に打ち勝とうと「自分」を強化すると、今度は魂の軸が霊から離れて歪みが大きくなって、結局「苦しみ」は大きくなってしまいます。ここでエゴは、「あなたを作った創造主が、罪深いあなたを罰している」と思わせたり、「あなたを罰する神から守ってもらえるように、別の神を頼ればいいのだ」と思わせて、あなたはそれらを信じることでガイドを頼らなくなるのです。

創造主は「神」と呼ばれたり「宇宙の法則」や「運命」と呼ばれたりしていますが、エゴにとってはあなたが受け入れる観念であれば何でも良いのです。エゴにとって大事なことは、あなたが観念を信じることです。頼る先が、観念ではないガイドそのものでなければ良いのです。観念を信じる限りは、他の違う観念を信じる者たちとの争いによって「罪と罰」も強化されます。「苦しみ」を与える「神」といったあなた以外の存在をあなた自身に定義させて、そこに責任転嫁をさせることがエゴの目的なのです。

もし、あなたが自らの「苦しみ」の責任を引き受けて、その裏にある「エゴの罠」を見る意欲を持ち、「自分」という幻想を手放す勇気を持つなら、あなたはガイドに従うことになります。そうなると、エゴは生命エネルギーの供給が絶たれてしまい、隠した罠がどんどん露見してしまうのです。

エゴが罠を仕掛けて夢の現実感を強めようとする一方で、ガイドによる「癒し」は夢の底に囚われた心を霊の現実に戻すように作用します。そのため、目覚めへのプロセスである「癒しの道」を歩むと、日常に隠された「エゴの罠」に必然的に気づけるようになります。「癒し」を受け取ることで、「エゴの罠」を見つけられるようになるのです。これを、「明晰なスピリチュアリティ」と言います。

第2講 まとめ

◉エゴによる「自分」を体験する計画は、あなたを「分離の夢」の中に閉じ込めて、そこに現実感を持たせることであり、そのために心理的な罠を仕掛けている。

◉エゴ自体にはエネルギーがないため、罠を運用するためのエネルギーを魂から供給してもらう必要がある。

◉エゴはあなたに「自分は独自の存在であり、自分が自分を作るのだ」という信念を共有させるために三つの心理的なトリックを使っている。

「反転」＝「癒し」とは逆のものを選択させるトリック。
「反復」＝同じことを考え続けさせて抜けられないようにするトリック。
「反逆」＝ガイドの導きに抵抗するように仕向けるトリック。

◉「癒しの道」を歩むと、日常に隠された「エゴの罠」に気づけるようになる。

第3講

「癒しの道」

「癒しの道」とは、ガイドと共に歩む幸せな帰路である

目覚めるか、夢を見続けるか

「癒し」とはガイドの作用であり、それ以外の何かが代替することはありません。「癒し」は全一性である霊への目覚めのことです。そのため、あなたが霊へと目覚めていく過程のことを「癒しの道」と言います。「癒しの道」は、魂と精神と肉体の軸が霊に合うようにガイドによって調整されながら進んでいきますので、とても平和でそこに「恐れ」はありません。ガイドはあなたの意欲に合わせて「癒しの道」を導きます。

ガイドが「癒しの道」を導くことができる理由は、ガイドはすでに目覚めているからです。深い夢の中にいる者が目覚めるには、すでに起きている誰かの声が必要なのです。ガイドは常に導いていますが、目覚めるか夢を見続けるかの選択は常にあなたにあります。「癒し」の選択とは、あなたの中に目覚めへの意欲があるかどうかでなされるのです。

夢を選択したとしても、そこには「苦しみ」があるためにいつかは目覚めたくなるでしょう。魂という「分離の体験」には、常に霊の軸から離れていることでの「苦しみ」が伴うものです。深い夢に入れば入るほど霊の軸から離れていくために、「苦しみ」も強くなります。「苦しみ」とは、「そこに軸の歪みがある」と教えてくれる正しい認識なのです。それでも夢を見続けるか、それとも目覚めるかという選択権は常にあなたにあります。

「サレンダー」と「コミットメント」

あなたが「癒しの道」を選択してガイドの「癒し」を受け入れると、最初に気づくのは、「多くの苦しみがあった」ということです。そこで、あなたは「癒しを受け入れたのに、なぜこんなに多くの苦しみが出てくるのか」と悩むかもしれません。しかし、その「苦しみ」は新しく作られたものではなく、最初からあったのです。

「苦しみ」とは、軸の歪みや「エゴの罠」がそこにあることを教えるとても大切な信号です。歪むことのない霊の軸であるガイドは、あなたの代わりに「苦しみ」を感じることはありません。そのため、あなた自身に「苦しみ」や、その裏に仕掛けられた「エゴの罠」を見つけてもらわなければならないのです。そのためにガイドは、「苦しみ」を認識して「エゴの罠」を見つけることができる「明晰なスピリチュアリティ」という、魂が元から持っていた能力を開きます。この能力の開き具合は、あなたの純粋な意欲によります。純粋な意欲とは、それまで学んできたことを手放して、「自分」も世界も超えた大いなる「癒し」を受け入れるという選択のことです。このガイドを信頼して明け渡す選択のことを、「サレンダー」と言います。

ガイドと共に歩く「癒しの道」では、「苦しみ」を苦しむことがあなたの役割ではなく、「苦しみ」を見つけてガイドに差し出すことがあなたの役割です。「癒し」はあなたの役割ではなく、「癒し」を受け入れるのがあなたの役割です。心配しなくても、ガイドがあなたに合わせて「癒し」ます。「苦しみ」を恐れる必要はなく、「エゴの罠」を見つけるたびに落胆することなく、それらに気づいたらガイドに渡して「癒し」を願うだけです。また、同じような「苦しみ」や「エゴの罠」もたくさん見つかることでしょう。それは、癒されていないのではなく、さまざまな「苦しみ」と複雑に絡み合った大きな歪みか、同じように思えて実は違う歪みかなのです。「癒し」はガイドが行うので、あなたが同じかどうかを判断する必要はなく、ただひたすら「癒しの道」を歩み続けることが大切です。ガイドを信頼してひたすら「癒しの道」を歩み続けることを、「コミットメント」と言います。

「癒しの道」を歩き始めると、自分自身の心と向き合う時間が増えてきます。そして、「自分が本当にやりたいことは何だろうか」や「自分にとって幸せとは何だろうか」や「今、自分にとって本当に必要なことは何だろうか」と考えることが多くなるでしょう。その疑問は、霊を忘れてはいない魂の本質的な望みからやってきます。ここで、「何がやりたいか分からない」と投げ出さないでください。他者と比べないでください。

もし、今の「自分」を否定して挫けそうになったら、ガイドとつながって、しばらく静かにしてみましょう。目の前に「幸せの門」があるようにイメージしてみましょう。「幸せの門」の向こうは明るく輝いていて、その先には平和な景色が広がっています。向こうに何があるのか分からないままでいいのです。あなたが理想とする幸せの計画などは手放してください。あなたは自らの魂に合った幸せが何かなど知らなくていいのです。ただ平和があることだけ信頼してください。それから、「今ここで幸せの門の中へ入る」と決意してください。中へ入ると、あなたは暖かい光に包まれます。快適な呼吸をしながら、しばらくそのままでいます。そっと目を開けて日常に戻っても、ガイドはしっかりと導きますので安心してください。

ガイドの「癒し」を受け取り続ける

自分自身の本心と向き合いながらガイドの「癒し」を受け取り続けていると、魂は次第に自らの特性に従ってあなたの人生に何かを表現し始めます。最初は趣味のようなものから始まるかもしれませんし、それまでの仕事を見直すことから始まるかもしれません。幼い頃からあなたの中にあった想いと同じ感じの何かを、表現し始めるのです。それが本当にやりたかったことかどうかは、判断する必要はありません。それをしていることが自然な流れであると思うくらいでいいです。あなたがやることは、最初と同じで、ガイドの「癒し」を受け取り続けるという選択だけです。いつもと同じように、「苦しみ」を見つけて、「エゴの罠」に気づいて、それをガイドに明け渡して「癒し」を願い続けてください。

「癒しの道」を歩くことで、魂は霊を思い出していきます。魂が霊を思い出すと同時に、「意識の場」に思い出されたものの象徴がドリーミングされていきます。霊は「愛と命と光」ですから、あなたが体験している日常にも「愛と命と光」を象徴したものが現れ出すのです。その時、あなたはかつての「自分」では想像もしていなかったことをやりながら、新しい人々と出会い、幸運に恵まれ、多くの感謝の中で生きていることに気づくでしょう。またそれは、あなたが幼い頃から心の深いところで大切にしていた想いにつながっていると感じられるはずです。多くの感謝の中であなたがしている振る舞いのことを、「愛の拡大」と言います。それは、「意識の場」にドリーミングしたあなたの魂なりの「愛と命と光」の表現なのです。「愛の拡大」を始めると、あなたをサポートする人々や必要な情報と出会いながら、自然に拡大していきます。

「癒し」が停滞しているように感じる時

「癒しの道」を歩き出してしばらくすると、最初は順調に思えていた「癒し」が停滞しているように感じることがしばしば起こります。それは「癒しの道」を進んでいないわけではなく、次の「癒し」のステップが始まっているのです。まだ無意識での「癒し」になっているために、表面意識では体験されていないこともあります。このような不安な時期には、エゴが夢へ引き戻そうと「エゴの罠」を仕掛けてきます。注意深く観察していれば、あなたには「エゴの罠」がすぐに発見できるはずです。「エゴの罠」のトリックは、第2講でお伝えした「反転」と「反復」と「反逆」の三つのトリックです。見つけ次第、ガイドに「癒し」を願いましょう。罠に騙されることなく、再び「癒しの道」を歩く意欲が戻ってくるでしょう。「癒し」は、勢いよく進むこともあれば、ゆっくりと深く進んでいくこともあります。覚えておいてください、「癒し」が停滞しているように感じることはよくあることです。それでも決して諦めずに、ガイドの「癒し」を受け入れる意欲を持ち続けてください。

「癒しの道」を歩き続けると起こること

「癒しの道」を歩き続けていると、ある時、「現実だと思い込んでいた世界は、実は夢なのではないか」と気づき出します。この頃から、あなたは、ガイドと一緒に「自分の体験」を眺めている感覚になってくるでしょう。それは、まるで人生というテレビ番組を見ているかのような感じです。これは、夢への現実感が弱くなってくる認知の変化です。それでも肉体の感覚はありますし、「苦しみ」もなくなりません。「癒し」の最初の段階では、すぐに夢の現実感が強くなり、前と同じ日常の感覚に戻ってしまうでしょう。それでも、ガイドへのサレンダーと「癒しの道」へのコミットメントで、着実に「癒しの道」は進んでいきます。

次にあなたが受け取る気づきは、「自分自身も夢なのではないか」ということです。それまで「自分とは、こんな人物である」と信じてきたのは概念であって、体験の主体である自分自身ではないということが分かってきます。これも、夢が弱くなったことからの認知の変化です。そして、体験をしている自分自身そのものに興味が出てきます。肉体や精神や「自分」という概念ではなく、それら全てを眺めている自分自身そのものであることは、平和で自由でとても心地が良いことだと知るでしょう。あなたがあなたであることを誰かに認めてもらわなければならないことも、あなたが何かをしなければならないということも、「苦しみ」を苦しむ必要もないと知ります。

さらに「癒しの道」を意欲的に進んでいくと、体験している自分自身と体験されている肉体や世界に対する気づきが深まり、全体が一つであるという「全体性」を知ることになります。

そして、あなたは夢を超えた「存在」であることを思い出します。それは存在感といった知覚ではありません。体験されたことなど一度もありませんが、「存在」であることを当然のように知っているという確信です。

「恐れ」からやってくる疑いの時期には

「癒しの道」を長く歩いていると、それまで信じてきたガイドの「癒し」は本当は間違いなのではないかという疑いが出てくるはずです。同時に、「癒しの道」を歩む意欲も持てなくなります。このような疑いの時期には、実は無意識の奥底で大きな「癒し」が始まっています。そのため、エゴは使える罠を全て使って、あなたを夢の中に引き戻そうと必死になります。次々と仕掛けられる罠で、あなたの思考は振り回されます。過去の後悔や執着、未来の期待や不安が、再び戻ってくるように感じるでしょう。それまでは、「愛の拡大」によって協力してくれる人々や価値ある情報に恵まれていたかもしれませんが、疑いの時期には、ガイドから引き離すように誘う人やさまざまな情報が目につき始めます。まるで引き潮のように、それまでの人々があなたの前から去っていったように感じるかもしれません。

これは、ガイドがあなたを試しているのではありません。その疑いは、あなたの中にあった「恐れ」からやってきています。この時期の「癒し」に有効なのは、「幸せの門」を思い出すことです。それから、いつものように「苦しみ」を一つひとつチェックします。肉体や感情に表現されている「苦しみ」、人間関係に表現されている「苦しみ」、仕事に表現されている「苦しみ」、日常に表現されている「苦しみ」一つひとつに向き合って、その下に隠されている「エゴの罠」に気づきましょう。

この時、名前も姿も物語もないガイドの重要さがよくわかるはずです。もしガイドに名前や姿や物語があったなら、そこにエゴが罠を仕掛けて、違う名前や姿や物語を持つ別の「神」に乗り換えるように誘ったことでしょう。疑いの時期にない時は、ガイドとつながる意欲が体感を求めすぎるくらい強くなっているでしょう。でも、疑いの時期にこそ、ガイドとつながる意欲が必要です。意欲とは、潜在意識からの自動的な思考や、恐れや不安といった感情的な判断からではなく、「癒し」を願うあなたの選択で持つものです。

あなたの「癒し」は、多くの魂たちの「癒し」に貢献する

「癒しの道」を歩み始めると、その「癒し」に必要な者たちと出会っていきますが、その理由は、「集合的な魂」も「癒しの道」を歩んでいるからです。あなたの「癒し」の選択は、集合的無意識でつながる多くの魂たちの「癒し」にも貢献するのです。「愛の拡大」を行う時に現れる協力者は、同じ「癒しの道」を歩む「集合的な魂」の一部なのです。特性を生きる者は特性を生きる者と出会うことになり、自然な流れで協力し合いながら「癒しの道」を歩いていきます。生まれ変わりにおいても、ある人生ではパートナーとして協力し合うこともあれば、ある人生では親子や友人という出会いになるかもしれません。

出会いは奇跡のようですが、奇跡とは運命の出会いのようなドラマチックなものではなく、「癒しの道」においてはごく普通の自然なガイドの導きなのです。どのような魂も、ガイドに導かれています。「癒しの道」は孤独な道ではなく、ガイドと共に歩む幸せな霊への帰路なのです。

第3講 まとめ

◉癒しはガイドの作用であり、それ以外の何かが代替することはない。

◉「癒しの道」は「苦しみ」への気づきから始まる。そこから自分自身の心と向き合う時間が増える。

◉魂はその特性から「愛の拡大」を行いながら「癒しの道」を歩んでいく。

◉「癒しの道」の途中では、停滞や疑いの時期が必ずやってくる。

◉現実に対する視点が変わり、あなたは夢を超えた「存在」であることを思い出す。

◉「癒し」の選択は、集合的無意識でつながる多くの魂たちの「癒し」にも貢献する。

第4講

魔術と「癒し」

「癒し」は、ドリーミングを変えることを目的としていない

「癒しの道」は、あなたを夢から目覚めさせる

「癒しの道」で注意することは、「癒し」はドリーミングを変化させるためにあるのではないということです。確かにガイドの「癒し」によって体験は変化しますが、それが「癒し」の目的ではありません。体験しているドリーミングに執着すると、「分離の夢」の現実感が強くなり、「癒し」から離れてしまいます。体験されているドリーミングは「分離の夢」であって、「癒しの道」は、あなたを夢から目覚めさせるように進んでいくものだと覚えておいてください。

ガイドの「癒し」の作用を一言で表現するなら、「ドリーミングの取り消し」です。ガイドは「分離の夢」を取り消すことで、もとからあった「愛と命と光」に戻しているのです。魂は自らの「意識の場」に体験をドリーミングできますが、一度ドリーミングしたものを取り消すことはできません。その理由は、

体験が終わって「意識の場」から消えても、ドリーミングは魂の中に蓄積されるからです。

表面意識においては、「目の前から消えれば、それはなくなったのだ」と思えますし、表面意識のすぐ下の潜在意識においては、「思い出せなくなったのなら、それは完全になくなったのだ」と思えます。しかし、無意識においては素材が記憶されていて、必要であれば形を変えてでも表現できるので、なくなることはありません。個人的無意識の下には集合的無意識があるので、そこにつながる誰かの魂が体験したならば、その素材となる「情報とエネルギーと意識（想念）」は「集合的な魂」に記憶されるのです。

そのため、あなたが「これはまだ誰も想像したことのない、自分が新しく想像したオリジナルのモノだ」と思っていても、それは集合的無意識に蓄積された古い素材を使って自分の「意識の場」に形を与えたモノかもしれません。もしくは、魂の知覚を開いて自らが属している「集合的な魂」とは別の「集合的な魂」につながって、そこの素材を使ったのかもしれません。モノというのはドリーミング「情報とエネルギーと意識（想念）」のことです。オリジナルだと思っているそのドリーミングは、確かに形を与えたのはあなたですが、その素材である「情報とエネルギーと意識（想念）」は無意識のどこからかダウンロードした記憶なのです。そのため、どこにも素材がない全く新しいドリーミングというのはないのです。

もとを辿れば、全ての「集合的な魂」が持つ全ての記憶は、全一性にあった「全ての可能性」という素材です。「全ての可能性」を切り崩して、一つひとつバラバラの素材としたのです。「意識の構造」そのものも、同じように作られました。これが「分離の思考」です。体験は無意識の奥深くにまで達するさまざまな記憶でドリーミングされたので、それを個の魂の意識の力で消し去ることは不可能です。無意識の記憶を消すことができるのは、記憶が切り取られる前の「全ての可能性」を覚えているガイドだけなのです。

集合的無意識には、たくさんの素材がある

たとえるなら、魂のドリーミングは、白い紙に描いた色とりどりの絵のようなものです。何も描かれていない「意識の場」は白い紙で、その紙はもともと霊の紙でした。霊の全一性とは、「永遠の白い紙」のようなものです。霊の紙は、何でも描くことができる可能性に満ちた白い紙で、一度も何も描かれていない紙です。紙（神）のままということです。

エゴは、魂に紙の上に丸く閉じた線（円）を描かせて、それが「自分」だと思い込ませます。この丸く描かれた線の内側が、「意識の場」です。魂は自らの「意識の場」の中にさまざまな絵を描いて、「絵を見る」という体験をするのです。それがドリーミング（夢見）です。絵を描く時の見本となる素材は、集合的無意識から借りてきます。そのため、同じ集合的無意識でつながっている周りの魂たちの絵と自分の絵とは、どこか似ています。共通点が多い絵のことを、あなたは現実だと思います。

集合的無意識にはたくさんの素材がありますが、人気のある素材はだいたい決まっています。人気のほとんどは、裏でエゴが働いています。みんなが自分はオリジナルだと信じながら、同じ素材を使っている

のです。人気の素材は、多くの魂に使われるほどエネルギーが強くなっていきます。人気とは、エネルギーの強さです。エネルギーが強い素材は価値があるため、さらに人気が高まります。社会や経済も、同じ仕組みが働いています。当然、社会や経済の多くの流行の裏には、エゴが働いています。エゴは「悪い」ものではありません。むしろエゴが社会や経済を成り立たせているとも言えます。

素材は同じでも、それぞれの魂が描く絵は違います。オリジナルと言えるものがあるなら、その魂が体験している絵でしょう。でも、その絵を誰かに見せることはできません。「絵を見る」という体験をするには、必ずその魂の「意識の場」で、その魂自身が描かなければならないのです。他の魂にはその魂の「意識の場」があり、そこに描けるのはその魂だけです。そのため、あなたが分かち合えるのは、あなたが使った素材を他の魂に伝えることぐらいです。その魂がどのような絵を描くのかは、あなたには分かりません。体験とは、その魂だけのものなのです。

エゴに従うか、ガイドに従うか

ある日、あなたは「意識の場」で今まで「自分」が描いてきた絵の全体を見て、「これは私が本当に描きたかったテーマだろうか」と思います。絵は魂が無意識で描いているので、あなたが表面意識で意図的に描いたとは思っていないでしょう。むしろ、意図的に描こうとしても、なかなかうまく現実化しないというストレスがあるくらいでしょう。頭の中のイメージをうまく現実化するには、絵を描いている自らの魂とのつながりがうまくいっていないといけません。

たくさん「絵を見る」という体験をして、その記憶が多くなってくることを「人生」と言います。あなたは人生で蓄えられた記憶を振り返って「この人生は自分の本当の人生だったのだろうか」と思うのです。そして、今描かれている絵を見ながら、「何かが足りない、何かが満たされない」と感じるのです。

ここで二つの選択ができます。

一つは、足りないものを満たすために、たくさんのお金や大きな家やキラキラしたアクセサリーなど、今の「自分」で想像できる「それがあると満たされる」と信じる何かを考えて、「自分」で計画して「自分」で行動を起こすという選択です。これは、足りないものを何かで埋め合わせようとするエゴに従った選択です。

もう一つは、そもそも何者かもわからないこの「自分」は本当の私なのだろうかと疑問を持ち、「自分」の計画を手放してしばらく静かにしているという選択です。外側にある何かの体験を欲しがるのではなく、自分自身という活き活きとした存在そのものを真に望み出します。活き活きとした自然な「あり方」を望むことは、ガイドの「癒し」を望むことと同じです。あなたが求めていたのは、あなたの内側からやってくる霊の「愛と命と光」なのです。ガイドにつながることで「私は愛そのものだ」「私は命そのものだ」「私は光そのものだ」ということを思い出していくのです。「自分」がする体験ではなく、「存在である」という確かさに向かうのがガイドに従った選択です。

「癒し」によって、あなたの魂がドリーミングを変える

ガイドに従うと、あなたの魂は霊の軸に戻されます。霊の軸に合った魂は、自らの「意識の場」に、霊の「愛と命と光」という「あり方」に似た体験をドリーミングし始めます。それまで思い込んでいた「自分」を超えた、それまで思いもしなかった美しさのドリーミングが表現され始めます。その美しさとは、霊の「愛と命と光」の輝きが反射したものです。ガイドを選択したあなたが本当に望んだのは、「意識の場」で見ている夢を「自分」好みの夢に変えることではなく、本来のあなたの「あり方」であった「愛と命と光」の輝きを確認することなのです。

ガイドは、あなたの魂が「意識の場」という紙に描いたさまざまな絵を消して、代わりにもとの白さであった紙（神）の輝きをそこに戻します。もとの紙（神）に戻すことが、ガイドの作用なのです。それでもまだ完全に目覚めていないあなたの魂は、自らの体験のために、そこに絵を描くことをやめないでしょう。だからといって、やめる必要もありません。霊の軸とつながってあなたの魂が描くのは、「愛と命と光」の輝きを映し取った絵です。その美しさの中で、あなたは本当に求めていたものを取り戻していくのです。それが「癒しの道」です。

「癒し」はドリーミングを変化させるためにあるのではありませんが、「癒し」によってあなたの魂がドリーミングを変えるのです。

ドリーミングを変化させる魔術は日常に溢れている

エゴに従っているとドリーミングを変化させることに夢中になってしまいます。夢中とは、文字通り夢の中に入ろうとすることです。ドリーミングを変化させるために使われるテクニックのことを魔術と言います。魔術にはトリックがあります。そのトリックは、「エゴの罠」に使われているトリックと同じであるため、魔術に夢中になると「分離の夢」の現実感が強くなります。

魔術は「悪い」ことではありません。魔術に執着することで、「苦しみ」が強くなるだけです。当然、「癒し」は魔術ではありません。「癒し」も魔術と同じように体験が変化しますが、魔術の目的は体験の変化に終始しているのに対して、「癒し」の目的は霊への目覚めです。霊へ目覚める過程で、自然に体験が変化してしまうだけです。

魔術は、日常に溢れています。分かりやすいのは薬です。たとえば、痛み止めは感覚を麻痺させて、本来なら痛みがあるのに感じ難くさせます。体験が変わるだけですが、体験を現実だと信じている人にとっては、魔術はとても重要です。魔術に傾倒する人には「癒し」に興味がない人が多いですが、それは「癒し」は体験を変えるものではないことをどこかで知っているからでしょう。混乱しているわけではなく、ある意味で正常な考えかもしれません。当然、薬は魔術ですから、薬を使ったら目覚めるということは決してありません。目覚めには、必ずガイドの「癒し」が必要なのです。

魔術を信仰すると「分離の夢」が強化される

ドリーミングの世界で、ドリーミングを変化させる目的で行われるものは、何であれ、全て魔術です。たしかに、魔術には「エゴの罠」と同じトリックが使われていますが、「エゴの罠」に注意するなら、安全に使うことは可能です。苦しんでいる人の治療にあたる医者は魔術師ですが、薬を安全に使うように注意しているなら、「エゴの罠」に落ちることはないでしょう。「苦しみ」を苦しまないテクニックとして、魔術はとても便利に使えます。同時にガイドの「癒し」を求めると、心も体も魂も健康へ向かうことでしょう。

しかし、魔術に夢中になって「エゴの罠」に陥ると、「魔術によって癒せる」と信じてしまいます。これを「魔術信仰」と言います。エゴはあなたを「分離の夢」に執着させるように働くので、形や名前や物語といった夢の対象を信じるように仕向けるのです。ある時は、ガイドさえも、あなたから切り離された特別な存在のように形と名前と物語を与えられて演出されることもあります。「分離の体験」に夢中になっている人は、「分離の概念」で理解しやすいものに簡単に心を持っていかれます。「分離の思考」の範囲に思考を閉じ込めるのが、「エゴの罠」の働きだからです。

エゴにはエネルギーがないため、自ら活動するにも罠を仕掛けるにも、全ての活動エネルギーは魂から奪わなければなりません。あなたの思考が「分離の思考」を超えると罠が見つかってしまい、エゴはエネルギーを奪うことはできなくなります。そのため「分離の夢」に執着してもらいたいのです。エゴに従って作った夢はあなたの魂が作ったものであって、そんな夢があなたを目覚めさせることはありません。夢に夢を変える力があると信じて魂の力を注ぎ込むとその夢は強化されますが、実際はエゴに生命エネルギーを与えていることになるため、あなた自身は疲弊してしまうのです。魔術信仰によって魔術の効果の確かさを感じられますが、その代わりにあなたの視点は取り込まれてしまい、魔術の外に出られなくなってしまうのです。これは無意識に作った迷路の中で迷子になるようなもので、エゴの働きをあなたが代わりにやったのと同じなのです。


ガイドの「癒し」には、あたかもドリーミングが削除されたかのようにあなたを騙すトリックはありません。ガイドによってドリーミングが削除されれば、そこには本当に何もなくなるのです。「それがあった」という記憶も痕跡も何もなくなります。

何もないとは、本来の「愛と命と光」がそこにあるだけということです。霊の軸に合った魂が、「愛と命と光」の似姿である美しさや健康や成功をドリーミングするのです。それは「幸せな夢」ですが、その夢はガイドとつながったあなたの魂がドリーミングしたのです。もし「癒し」によって病気が治ったのであれば、それはガイドによって軸の歪みが霊に整えられたことによって、魂は病気という「苦しみ」のドリーミングをやめたということです。さらに「癒し」が進めば、病気であった記憶も、病気であった世界の痕跡も何もなくなるでしょう。そうなると、それは「治った」のではなく「経験したことがない」ことになります。朧げにドリーミングの残像が残っている場合は、夜の夢の出来事か、前世や別世界のもう一人の「自分」の体験のように思われることでしょう。そのような思いも、「癒し」が進めば全て消えていきます。

ガイドの働きは、ドリーミングの変化を目的としているのではないので魔術ではありませんが、まだ目覚めの途中である「癒しの道」においては、ガイドの「癒し」の影響は「幸せな夢」として魂に体験されることになります。夢の中では、ガイドの働きでドリーミングが変化しているように見えるかもしれません。しかし、ドリーミングを変化させる魔術を使っているのは魂なのです。

「癒しの道」を歩けば、「世界は客観的な現実」ではなく「魂によるドリーミング」であることがよく分かるようになります。なぜなら、あなたは体験を超えた存在だからです。

本来の「自己」とは霊です。

そのことを思い出していく過程が、「癒しの道」なのです。

第4講 まとめ

◉「癒し」の目的は、ドリーミングを変化させることではなく霊に目覚めることである。

◉ガイドはドリーミングを取り消すように働く。

◉魂は一度ドリーミングしたものを取り消すことはできない。

◉ドリーミングを変化させるために使われるテクニックのことを魔術と言い、魔術に囚われることを魔術信仰と言う。

◉ガイドによってドリーミングが削除されれば、そこには何もなくなり、「それがあった」という記憶も痕跡もなくなる。

第5講

ガイドとのコネクション

ハートはオープン、ボディはリラックス、マインドはフリーでガイドの「癒し」を受け入れる

ガイドがあなたを癒す理由は、それが霊の自然な「あり方」だから

ガイドを知らない者であっても、ガイドは等しく「癒し」の手を差し伸べています。正確には、「手を差し伸べている」というのは夢の中にいる魂からの表現であって、ガイドは常に自らの自然な作用であなたを癒してしまうだけです。そもそも分離のないガイドが、分離している魂を知ることはありません。「分離の概念」なら、誰が先に癒されるのかと考えるかもしれませんが、全一であるガイドが癒すのは常に「あなた」であって、「あなた以外の誰か」ではありません。あなたにとって自分の魂と他の魂は違っていても、ガイドにとっては全てが一つの魂です。あなたにとって自分の魂と他の魂の「癒しの道」は違いますが、ガイドにとっては同じ「癒し」です。

ガイドが癒す理由はあなたが可哀想だからではなく、それが霊の自然な「あり方」だからです。霊の現実においては「愛と命と光」でないものは一度たりとも生じてはいないので、実際はガイドは何もしてい

ません。ただそのように在るだけです。全一性においてガイドは「源」が霊を保っている力ですが、分離した魂にとっては霊へと導く「癒し」の力です。そのため、「癒しの道」を歩むなら、ガイドにつながる必要があります。どのような魂も霊の軸から切り離されてはいないため、全ての魂はガイドとつながっていますが、ガイドの「癒し」を受け入れているかどうかはそれぞれの魂で違います。

ガイドとの「コネクション」

エゴに力を与えすぎて「自分」への執着が強くなっている場合は、「自分」が望んだ「癒し」の効果を、「自分」のタイミングで、「自分」の信じたやり方でしか受け取らないと決めています。ガイドの「癒し」の計画よりも、「自分」の計画の方が大事であると思い込んでいるのです。こうなると「癒し」は停滞します。「癒し」は、エゴによって作られた概念的な「自分」を取り消すように働くため、「自分」が強いとなかなか「癒し」は進まないのです。

ガイドの「癒し」を受け入れようと思うなら、「癒し」を信頼することが大切です。あなたの中にある「自分の癒しは自分が決定したい」というエゴの考えを見つけては、その都度、「何が起きようともガイドの癒しを信頼する」という決意を通して、エゴの葛藤を超えていきます。

「癒し」の全てをガイドに任せるという信頼があれば、あとは自然な流れで「癒しの道」へ入っていきます。「自分」の計画を手放して、何が起きてもガイドの「癒し」を信頼する意欲を持つことを、「コネクション」と言います。コネクションを行う時には、あなたはガイドに対して自分自身を開け放っています。あなたとガイドの間に何もなくなればなくなるほど、「癒し」の作用は大きくなります。

深くしっかりとコネクションしたいのであれば、「聖門」を開く必要があります。「聖門」は、ハートと呼ばれることがあります。「聖門」は魂の軸のつながりが表現されている「場」であって、肉体の心臓のことではありませんが、胸のあたりにあると思っても大丈夫です。肉体は「分離の象徴」ではありますが、そこにもまだ魂とのつながりは残っていますので、肉体の胸のあたりがハートだとしても最初のうちは問題ありません。大切なことは、「聖門」を開くと感情が湧き出てくるということです。

「聖門」は、人間関係の「恐れ」によって「自分」を守るために閉じられます。成長に従って人間関係も拡大していくので、子どもよりも大人の方が「聖門」は閉じられることが多いです。「聖門」はガイドの「癒し」の入り口で、本来は開いています。むしろ「聖門」を閉じるには意識のエネルギーが必要です。そのため、「聖門」を閉じている人の顔は堅く厳しい表情になっていることが多いです。「聖門」が閉じられる理由は、感情を感じたくないためです。特に人間関係で辛い思いをすることで「聖門」は閉じられ、精神の軸は歪み、その「苦しみ」としてネガティブな感情が表現されます。

ガイドの生命エネルギーは「聖門」からやってくる

感情は、精神の軸ではとても大切な感覚です。ネガティブな感情は「苦しみ」です。「苦しみ」が表現されたのは自らの軸に歪みが生じたからだとしっかり認識して、そこにどのような「エゴの罠」が仕掛けられているのかを見つけることは、「癒し」を受け取るために大切なあなたの役割です。「聖門」の価値は、感情を感じるだけではありません。ガイドを通して与えられる生命エネルギーは、「聖門」からやってくるのです。「聖門」を閉じていると生命エネルギーを受け取ることができないため、精神はますますネガティブになるだけではなく、肉体は疲弊してしまいます。

「聖門」は、肉体という象徴では胸あたりに位置していますが、本当は、「聖門」は空間にまで広がっているので、空間の身体を感じられるようになると、もっと大きく開くことができるようになります。肉体の胸のあたりには、心臓と肺と喉があります。心臓は血液を全身に運んでいるだけではなく、肺は酸素を吸って二酸化炭素を出しているだけではありません。「聖門」から受け取る生命エネルギーや、肉体のさまざまな「場」の情報や、あなたの想念を巡らせているのです。喉は、声を出したり食べ物を通したり空気を通したりしているだけではありません。情報と生命エネルギーと想念を表現しています。「情報とエネルギーと意識（想念）」ということは、すなわち、ドリーミングを表現しているのです。肉体という「自分」の象徴も、よく観察すれば、それが魂の機能と似ていることがよく分かります。

「聖門」を開くには、「力を抜いて自らの胸の内側に意識を向け、光の門を開いて感情を感じる」ということから始めると良いでしょう。開き慣れていないと、感情を感じるとはどういうことなのかを忘れていることでしょう。続けているうちに、「聖門」を開く感覚を思い出します。

これから紹介する、「聖門」を開く「光のエネルギー呼吸と感情のワーク」を行うと効果的です。

【光のエネルギー呼吸と感情のワーク】

1. 胸の真ん中にぽつんと輝く暖かい光がだんだん大きくなって、その光に全身が包まれていきます。感情が出てきたら静かにそのまま感じていましょう。感情を盛り上げすぎると、不自然な作り物の感情に飲み込まれて「静寂」のバランスが崩れてしまうので、注意が必要です。

2. 体全体が光で包まれたら、その光は体の周りに広がり、あなたはすっぽりと光の中に入ってリラックスしています。胸の光の中心のその向こう側に意識を向けて、「ガイド、私はあなたに従います、癒しを受け入れます」と思いながら、深く空気と光のエネルギーを吸って、お尻の下までエネルギーを満たして、お腹が膨らみ胸が広がります。

3. 全身にエネルギーが行き渡ったなら、口からフーッと空気を吐いて体の力を抜きます。この光のエネルギー呼吸を三回くらい繰り返したら、通常の呼吸に戻してしばらく静かにして、出てくる感情を観察します。

感情を感じ始めると、最初は涙が出てくるかもしれません。その理由を考える必要はなく、涙を流してかまいません。すぐに涙は終わります。「怒り」が出てくるかもしれません。その理由も考える必要はなく、その「怒り」が、体や呼吸やあなたの思考にどのような影響を与えるのかを静かに観察し続けましょう。「怒り」は、「孤独感」や「無力感」、「悲しみ」や「絶望」に変わるかもしれません。感情は、変化しながらつながっているのです。感情が出てきたら、その感情を歓迎しましょう。そして、感情に浸り込まずに静かに感じ続けます。

4. ネガティブな感情が過ぎて、しばらくすると静かな状態になります。この静かな時に、「ガイド、私はあなたに従います。癒しを受け入れます」と祈ると、胸の光の向こうから、「感謝」が溢れてきます。それは、「喜び」や「楽しさ」といった軽やかなものかもしれませんし、大きな感動や愛のようなものかもしれません。「感謝」は、ガイドとしっかりとつながっている感覚のことです。

どれほどガイドに明け渡すのかが肝心

コネクションで大切なことは、「ガイドに従って癒しを受け入れる」というあなたの意志です。一分でもいいので、一日の中で何度も、「ガイド、私はあなたに従います。癒しを受け入れます」と祈ると良いでしょう。「聖門」を開くことに慣れてくると、感情はすぐに感じられるようになります。「感謝」と共に、「優しさ」「思いやり」「開放感」「情熱」「勇気」「希望」が湧き出てくることもあるでしょう。

コネクションは、「自分」を強化するための祈祷ではなく、「自分」という幻想を手放してガイドの「癒し」を受け入れるという意志です。コネクションの強さとは、本来の「自己」を思い出したいと願うあなたの意欲の強さです。あなたの意志がコネクションなので、本来、そこには儀式も言葉も必要ないのですが、言葉によって自らの意志を確認するために、「ガイド、私はあなたに従います。癒しを受け入れます」と祈るのです。意志がしっかりしているのであれば、言葉は「ガイド」だけでもいいのですが、ガイドの姿や名前や物語などは作らないでください。ガイドは透明でいいのです。大切なのは、「自分」も世界もはるかに超えた霊の輝きが、今もあなたにつながっているという想いだけです。

肝心なのは、「どのような言葉か」ではなく、「どれほどガイドに明け渡すのか」ということです。どんなに小さな隠し事も、ガイドとあなたの間に作らないでください。あなたが大切にしている想いほど、積極的にガイドに明け渡してください。もしかすると、コネクションをしても何も感じることはないかもしれません。それでも、一日に何度かガイドを思うようにするだけでもコネクションはできていますので、安心してください。

ガイドは、ドリーミングを取り消すように働く

コネクションをすることでガイドが目の前に姿を現わしたり、声が聞こえてきたりすることはありません。そのようなことを期待しないでください。ガイドは分離していないため、魂が知覚できるものではないのです。もし姿が現れたりメッセージが聞こえてきたりしたならば、それはあなたの魂がドリーミングした象徴のようなものであって、幻想です。ガイドがあなたの魂に影響を与えたことで何かがドリーミングされることはあっても、それがそのままガイドではありません。

ガイドは癒しの力であって、「苦しみ」を生み出す力ではありません。そのため、もしコネクションによって映像や音がドリーミングされるのであれば、必ず始めに「明晰なスピリチュアリティ」が与えられます。それによって、何が夢を強化することになり、何が霊へ目覚めることになるのかがわかるのです。明晰さがない状態だと、イメージはエゴに従って「恐れ」や「不安」や「憎悪」を表現しはじめます。それが強くなりすぎると、社会的な「苦しみ」が生じて、日常生活が困難になります。「静寂」のバランスを忘れないでください。

ガイドの「癒し」があなたに与えるのは「静寂」のバランスであって、「ガイド自身の存在の証明」ではありません。ガイドは「ドリーミングを取り消すように働く力」であって、「ドリーミングする力」ではないのです。あなたが、「ガイドよ、私が安心できるように姿を現わしてください」と祈ったとしても、ガイドが現れることはありません。現れてしまうと、あなたがそれに執着してしまって「分離の夢」が強くなるからです。

コネクションし続けることで、魂は霊の軸に合い出します。そのバランスの中で、感情だけではなく、感覚や思考も変化していきます。それは、ガイドがあなたの感情や感覚や思考を変えたのではなく、ガイドの「癒し」を受け入れたあなたが目覚め始めたことによって、魂が感情や感覚や思考のドリーミングを変え始めたということです。感覚の変化は、体は暖かく緩み、呼吸が深くゆっくりになります。「固い物質としての体」から、「エネルギーの流れとしての軽やかな体」へと変わるのです。また、視覚、聴覚、嗅覚、味覚なども落ち着いて静かになります。空間的な広がりを感じるようになります。思考の変化は、観念から自由になり、さまざまなアイディアが浮かぶようになり、多くの可能性に気づいて選択肢が増え、創造的な活動に意欲が出てくるようになります。

コネクションにおいて大切なのは、ハートの「聖門」を開いてガイドの「癒し」を受け入れ、ボディはリラックスして静けさの中に入り、マインドは習慣的な思考や固定観念を手放して自由になることです。

まとめ

◉「癒しの道」を歩むなら、まずはガイドにつながる必要がある。

◉ガイドの「癒し」を信頼する意欲を持つことを「コネクション」と言う。

◉深くしっかりとコネクションするためには「聖門」を開く必要がある。「聖門」を開くには、「力を抜いて自らの胸の内側に意識を向け、光の門を開いて感情を感じる」ことから始める。

◉コネクションし続けることで、魂は霊の軸に合い出し、感情や感覚や思考のドリーミングが変化する。

第6講

「癒しの道」での四つの姿勢

「自分」を観察してガイドの癒しを受け入れ、「癒しの道」を歩み続ける

「癒しの道」を歩む上での、あなたの四つの姿勢

「癒し」はガイドの作用であるため、あなたが自らの「癒しの道」とは何かを知らなくても全く問題はありません。あなたが知る必要があるのは、「癒しの道」を歩む上でのあなたの四つの姿勢です。

【1】平和に入る

「癒しの道」でのあなたの第一の姿勢は、とにかく心の平和を求めることです。魂と肉体を結びつけている精神の軸に、「静寂」のバランスを求めるのです。そのため、深く呼吸をして、しばらく静かにガイドとコネクションする時間を持ちます。自動思考による無自覚的な振る舞いをやめて、意識的に心の平和を求めてください。日常では、できるだけ多くコネクションをしましょう。

自動思考は、過去の後悔や執着、未来への不安や期待に引きずられて頭に浮かんできます。その思考は、あなたではありません。長い年月をかけて記憶を積み重ねて作ってきた「自分」は頭の中にあれこれと多くの自動思考を生み出しますが、どれも今ここで一番必要な静けさを忘れさせます。「自分」とは観念であって、本来のあなたは「自分」を超えている存在です。このことに気づきがないと、自動思考によって判断されたことに疑いを持つことがなくなり、「それが自分の正直な思いである」と信じてしまいます。自動思考を受け入れてしまうと、感情はそれに伴って生じるようになり、以降はその思考で判断を下すようになります。そうなると自動思考に選択肢が削られてしまい、思考も感情も行動も支配されてしまいます。忙しさの中で、「自分」の存在感や現実感が強化されていくのです。

「癒しの道」を歩むのなら、自動思考が生じた時には「これは自動思考だ」と気づいて、体の姿勢と呼吸の感覚に意識を戻しましょう。こうして無自覚的な日常の振る舞いを止めて、ひとまず静かにします。それまで信じてきたことや学んできたことで頭をいっぱいにするのではなく、それらを手放して思考をニュートラルにしていると、自動思考に気づきやすくなります。思考はあなたではないからこそ、あなたは自動思考に気づくことができるのです。ほとんどの感情は、自動思考から作られます。思考そのものにはそれほどエネルギーはありませんが、感情が伴うと強いエネルギーを持ち、意識は思考に支配されやすくなります。自動思考に気づくことができれば、思考とあなたとの隙間が生じて、そこから意識を離すことができます。いったん自動思考が静かになったところで、「自分」や世界を超えたガイドを思ってコネクションします。自動思考から解放された感情は「聖門」に戻されて、適切に感じられるようになります。

ガイドとコネクションを始めても、すぐに「静寂」のバランスがとられるわけではありません。習慣化された「自分」の軸から離れることは簡単ではなく、ドリーミングし続ける魂の自動運転を止めることもできません。すぐに目覚めるとか、病気が一瞬で治るといった期待は手放しましょう。「癒し」は、あなたの計画ではないのです。それでも、あなたの視点を「自分」という概念から離すことで、それ以上「自分」を強化するのをやめることは可能です。それまで「自分」を強化するために費やされてきた生命エネルギーは、「癒し」のために自然に適切に働くようになります。あなたは、「自分」が知っている「自分」を超えた存在です。「私は何も知らないので、全てをガイドに委ねたい」という気持ちで、「癒しの道」の導きを受け入れましょう。コネクションしてしばらくすると、心の平和がやってきます。

【2】責任をとる

第二の姿勢は、責任をとることです。責任をとるとは、「体験していることは、自らの魂がドリーミングした結果なのだ」と認めて、誰かを責めずに「あり方」を選択しなおすことです。あなたは、心の平和から「愛の拡大」をしようとしているのか、それとも「怒り」や「恐れ」に支配された自動思考でこの世界を攻撃しようとしているのかを、自分自身に質問してみましょう。その答えは、すぐにわかるはずです。

どのような体験であっても、それは自分自身の魂のドリーミングですが、ここでは「自分」の納得は必要ありません。その「自分」も、同じ魂のドリーミングです。そして、ドリーミングがドリーミングに対して納得できるかどうかは、「癒しの道」に全く関係ありません。大切なことは、「自分」が納得できるかどうかではなく、あなたが何を選択するかなのです。過去の「自分」は、今のあなたの選択とは関係がありません。

ネガティブな体験には、「苦しみ」が関わっています。誰かを責める前に、あなたに「苦しみ」があることに気づいてください。「苦しみ」は、攻撃や防衛で解消するのではなく、あなたに見つけられ適切に感じ取られて、ガイドに引き渡されることで癒されるということを忘れないでください。あなたの「苦しみ」は、誰かや社会や常識や環境などから縛られた被害者としての「自分」の「苦しみ」ではありません。あなたは「自分」ではないのに、「自分」が自分自身だと信じてしまったことからくる軸の歪みが、「苦しみ」の原因なのです。あなたは、あなたの知っている「自分」ではなく、そんな「自分」を超えた存在です。

自らの「意識の場」にドリーミングされた「苦しみ」の体験は、誰かが「悪い」わけではなく、単なる自らの軸の歪みの表現なのだと捉えてください。「癒しの道」におけるあなたの責任は、「苦しみ」の体験を「そのように見ようとする」ことであり、「納得する」ことではありません。納得とは、過去の積み重ねで作られた「自分」の判断で、「そのように見ようとする」のは、今のあなたの選択です。あなたの人生を、エゴの自動思考に任せるのではなく、あなたがどうありたいのかという選択に引き戻すのです。あなたの人生を、エゴによって作られた「自分」の人生から、ガイドに導かれる「癒しの道」の人生に戻すのです。そして、「苦しみ」を自分自身の問題ではないと切り離さないように、しっかりと受け入れるのです。あなたが自らの「苦しみ」を受け入れることで、ガイドに渡す準備が整います。それが、責任をとるということです。

自動思考と感情には、それらを生み出している観念があります。観念とは、物事の見方を決めている考えのことです。たとえば、「癒された人は優しい」「子どもは純粋無垢である」「女性は子育てに向いている」などです。「自分」というのも観念で、それを信じてしまうと、「自分はこんな人間だから、こうするしかないのだ」という判断に縛られます。

とくに誰かを蔑《さげす》む観念は、「偏見」とも言われます。蔑むならネガティブな感情があるので、それは「苦しみ」です。「苦しみ」を他人のせいにするのは、自らの体験に責任をとっていないことになります。そのため、他者を蔑むなら、エゴは喜びますが、「癒しの道」からは外れてしまいます。

観念によって、「〜してはいけない」や「〜するべきである」といった判断が生じます。もし、あなたが自らの人生に責任をとっているのなら、「してはいけない」からしないと判断するのではなく、「したくない」からしないはずです。同じように、「するべき」でやろうと判断するのではなく、「したい」からするはずです。さらに、本当にしたいのなら、すでにしていることでしょう。

「～するべきである」といった判断を見つけたなら、その時に何を考えたのか、その時にどのような感情があったのかをチェックしてみましょう。判断の後ろに隠れた自動思考や感情を静かに観察できれば、「自分が何を信じているのか」という観念を見つけることができるでしょう。「自分」を納得させるために、「自分」に言い訳をする必要はないのです。「癒しの道」でのあなたの姿勢は、「自分」の自動思考や作られた感情をチェックして、そこに「苦しみ」の信号を見つけることです。

【3】赦罪を選択する

第三の姿勢は、赦罪《しゃざい》を選択することです。それは、「苦しみ」から罪と罰という「エゴの罠」を見つけて、ガイドに差し出すという選択です。「苦しみ」を感じた時、「エゴの罠」に囚われた自動思考は、「何が間違っているか」「誰が悪いのか」を自動的に探すように働きます。この働きのもとになっているのは、「罪と罰」というエゴの観念です。「苦しみ」を何かの罰だと考えて、その「苦しみ」を作り出した誰かに罪があると判断するのです。

「自分」の体験に罰を見つけるのは簡単かもしれませんが、罪を見つけるのは難しいでしょう。なぜなら、罰への「恐れ」から、「私は悪くない。悪いのはあいつだ。だから、罰が与えられるべきはあいつだ」という自動思考が働くからです。これは、「エゴの罠」の「反転」というトリックです。誰かや何かを責めるなら、あなたは責任を放棄することを通して人生の被害者となってしまいます。それは、「癒しの道」

とは逆方向です。「癒しの道」では、責任はあなたがとった方がよいのです。そのように体験したのなら、その体験に対する責任をとって自らの「あり方」を選択し直すと、「癒し」を受け取れるようになるからです。

赦罪とは、罪をゆるすということですが、「ゆるし」には、「許し」と「赦し」の全く違う意味の二つがあることに注意が必要です。「許し」とは、「罪はあるが大目に見てやる」という意味です。これはエゴの許しで、そこには「罪がある」という前提があります。「罪と罰」という仕組みそのものが「エゴの罠」ですから、それを認めてしまうと「癒し」が停滞してしまうのです。なぜなら、「癒し」が目指しているのは、純粋無垢な霊の全一性に目覚めることです。もし「罪と罰」があるなら、そこにはまだ「分離の体験」があることになり、「癒し」はまだ終わっていません。

一方、「赦し」とは、「罪があるような出来事など、始めから起きてはいなかった」という意味です。これが、霊の全一性です。霊の現実においては、分離は一度も起きておらず、分離した魂も一つも生じたことはありません。だから、誰かが誰かに悪いことをしたということも、一度も起きていないのです。そのような霊の現実に目覚めていくことが、「癒しの道」です。当たり前ですが、これは「自分」という「分離の概念」で考えても納得はできません。赦罪とは、あなたの「癒し」の課題であって、「自分」の納得の問題ではありません。

「エゴの罠」の中には、とても巧妙なものがあります。その一つが、「自分を責める」というものです。「自分」を分離させるのがエゴの目的ですが、それは必ずしも「自分」を幸せにするものではありません。エゴにとって幸せかどうかより大切なことは、全一性から分離した独自の「自分」がそこにいるという存在感や現実感です。満たされない不幸な「自分」は、満たされた幸せな「自分」よりも存在感や現実感が強いのです。たとえば、足の小指は普段はどこに付いているのかさえも気にならないくらい存在感はないですが、机の角にぶつけた時には、強い存在感を感じさせます。「苦しみ」は、存在感や現実感を際立たせるのです。

自分を責めるという「エゴの罠」は、「そのような悪い状況になったのは、自分が何か悪いことをしたからなのかもしれない」という罪の意識を想像させます。悪い状況を罰することで、罪のある不幸な「自分」の存在感を際立たせるのです。ここに「時間の分離」というトリックを使うと、さらに複雑な「罪と罰」を演出できます。それは、「前世で何か悪いことをしたから、今世ではこのような悪い状況になったのだろう」という観念です。「分離の概念」で理解することが簡単な観念は、いくらでも創作可能です。全一性において「罪や罰」はないという、理解が難しいことよりも信じやすいのです。

この「分離の夢」である世界において証拠を探そうとするなら、それらしい証拠を見つけることは可能でしょう。しかし、どのような証拠が見つかったとしても、今のあなたの「あり方」をどう選択するのかということには関係ありません。「癒しの道」において必要なのは、「自分」の過去とはまったく関係のない、本来の「自己」に向かう意欲です。本来の「自己」とは何かを、今のあなたが理解する必要はありません。「分離の概念」では理解できない、全一性へ向かう意欲が必要なだけです。「癒しの道」はガイドが導くものであり、赦しもガイドが行います。あなたの姿勢は、「自分の中に罪と罰の観念を見つけて、それに執着することをやめて、ガイドに訂正を願う」という赦罪の選択です。

「癒しの道」を歩むと決めたならば、あなたには多くの罪が見えてくるはずです。また、「怒り」や「悲しみ」などの多くの「苦しみ」を感じることでしょう。でも、救いはあります。それは、「苦しみ」とは「癒しの道」の入口だからです。まずはいつもと同じく、呼吸を落ち着かせて静かになり、コネクションをして、ガイドの「癒し」を受け入れることから始めましょう。そして、「怒り」の対象と「何が悪いのか」という罪を見つけてください。それから「ガイド、私の中にある罪と罰を消し去って、真実を思い出せるように助けてください」と赦罪の選択を行ってください。

【4】ガイドを信頼する

「癒しの道」におけるあなたの最後の姿勢は、ガイドへのサレンダーと、「癒しの道」へのコミットメントです。「サレンダー」とは、ガイドを信頼して全てを委ねるという選択です。この選択は、赦罪の選択と全く同じです。明け渡したなら、その後どうなるのかはガイド次第です。あなたはできるだけ「エゴの罠」に注意しながら、ガイドの「癒し」を受け入れる意欲を持つだけです。

「自分」が体験している世界や人生といった「分離の夢」に価値を置いているうちは、魂の軸の歪みはなかなか整えられないでしょう。目覚めへの意欲を持っても、すぐに常態化したエゴの自動思考と作られた感情がやってくるものです。あなたが属している「集合的な魂」もまだ「癒しの道」の途中ですから、そこにつながるあなたが少し意欲を持ったとしても、いつもの日常があなたをすぐに分離へと引き戻すでしょう。

「癒し」はガイドの仕事ですから、あなたが「集合的な魂」を変えようとする必要はありません。そのため、あなたの「癒しの道」においては、「集合的な魂」が問題なのではなく、あなたの意欲が問題なのです。あなたの日常には、たくさんの「エゴの罠」が仕掛けられています。「癒しの道」を歩いても初めから大きな変化はないかもしれませんし、大きな変化が実感できたとしても、そのような実感が続くことはないでしょう。あなたの最後の姿勢は、決してあきらめないことです。何があっても、「それでもやる、それでもやる」と続ける意欲を絶やさないことです。そのように、ひたすら「癒しの道」を歩み続けることが「コミットメント」なのです。

「癒し」はガイドの作用なので、「自分」が他者を癒すことはできませんし、「自分」が「自分」を癒すこともできません。しかし、エゴの考えと同一化した「自分」は、「何が自分の癒しになるのかは、自分が一番知っている」と信じてしまいます。この考えは、エゴにとっては正しいものです。「自分」をどう作るのかは「自分」の自由なので、「自分」の軸のバランスが幸せや健康をもたらすかどうかは別として、

「自分」が癒しの計画をするのが一番「自分」を強化することになるのは明確です。エゴの癒しはガイドの「癒し」よりもゴールを想像しやすく、計画性もあり、夢を強化する目的なので夢があり、何より「自分」が納得できるでしょう。ただし、最初は頑張れますが、「何か満たされない感じ」や「正しさや理想を追い求め続ける忙しさ」が続き、協力してくれる人よりも足をひっぱる人の方が多く現れるかもしれません。エゴの癒しはあなたを疲弊させ、平和にはしてくれません。「苦しみ」が多いほど「自分」の存在感や現実感を感じられるのが、「分離の夢」の強化を目的としているエゴの作戦なのです。

ガイドの「癒し」を受け入れると、エゴに従って作ったそれまでの「自分」の観念が揺らぎ始めます。いつもの日常が変わっていくので、混乱も生じるでしょう。「エゴの罠」である「反転」「反復」「反逆」が弱まることで、それまで信じてきたことが間違いだったと気づき始めるのも、混乱の一つとなります。信頼していた人や味方だと思っていた人が、離れていくこともあるでしょう。でも、あなたと対等に付き合ってくれたり、サポートしてくれるような新しい人たちとの出会いも多くなります。家族や親しい友人たちとの関係は、最初は何かあるかもしれませんが、結果として良好な関係になります。「癒し」の効果で一番早く現れるのは、「怒る」ことが少なくなることです。「怒り」があっても、そこから振る舞うことは少なくなり、すぐに落ち着くので、大きなトラブルを引き起こすこともなくなります。

「癒しの道」は、最初は居心地は良くないかもしれません。その居心地の悪さは、それまで習慣化された「自分」の軸から、霊の軸にバランスが移行する時の感覚です。たとえ「苦しみ」があったとしても、慣れ親しんだバランスから離れると、「不安」が生じるものです。それでも、しばらくすると「平和」や「確かさ」がやってくるので問題はないのですが、そのわずかな「不安」を利用して、エゴは再び罠を仕掛けてくるので注意は必要です。その罠で使われるトリックは、「反転」と「反逆」です。「反転」に騙されると、歩み始めた「癒しの道」を戻ってしまうことになり、「反逆」に騙されると、「ガイドなんて何の力もない。癒しは嘘であって、人生で大切なのは自分を取り戻すことである」という「疑い」の自動思考と「怒り」の感情がやってきます。ただし、そのような自動思考が出てくるのは、エゴが相当焦っているということなので、「癒しの道」が順調に進んでいる証拠でもあります。

「癒しの道」を歩み始めると、何度も癒しから離れたくなる衝動に駆られます。エゴの自動思考が正しく、ガイドの「癒し」は嘘であると怒りたくなることもあります。むしろ、怒りたくならないなら、「癒しの道」はあまり進んでいないと思ってください。「癒し」が進めば、あなたと同じ集合的無意識につながっている近い魂たちにも「癒し」の変化が始まるため、それに「不安」を感じて抵抗する人も出てくるでしょう。ただし、その人たちが不幸になることはありません。それぞれが自らの魂の軸のバランスがとれるようなプロセスが始まります。

「分離の夢」の中に現実感を覚える多くの魂たちにとっては、ガイドの「癒し」には価値がないと思えます。強い体験を伴い、効果が早く現れ、「自分」が納得するものに価値を持っているのです。それはドリーミングの変化を目的とする魔術ですから、「癒し」ではありません。「反転」や「反逆」のトリックにある視点では、魔術が「癒し」になると信じてもいます。ガイドは魔術を利用して癒しているように思われることはありますが、その目的はあなたを魔術に惹きつけることではなく、魔術的な夢からの目覚めです。

魔術は一時的に「苦しみ」を和らげるための便利な道具となりますが、いつかは超える時がきます。その時に執着なく手放せるように、「不安」を癒して、あなたはできるだけ自由でいてください。「癒し」とは霊を思い出すことに他なりませんので、健康になったり、裕福になったり、楽しみが増えたり、仲間が増えたりするかもしれませんが、最後はそれらに執着することがなくなり、感謝の中で夢から覚めることになるのです。

ガイドと共に「自分」の観念を少しずつ砕いていくことで、どんどん自由が取り戻されてきます。ガイドへのサレンダーも、「癒しの道」へのコミットメントも習慣化されます。「癒しの道」を歩み続けることで、「明晰なスピリチュアリティ」はあなたの自然な視点となり、「エゴの罠」を見つけてガイドに差し出すことも、簡単で速くなるでしょう。やがて、「癒しとは、霊への目覚めである」ということに確信が持てるようになります。

まとめ

◉「癒しの道」を歩む上でのあなたの姿勢は四つある。

【1】平和に入る
心の平和を求めて、ガイドとコネクションする時間を持つ。

【2】責任をとる
「体験していることは、自らの魂がドリーミングした結果なのだ」と認めて、誰かを責めずに「あり方」を選択しなおす。

【3】赦罪を選択する
罪と罰という「エゴの罠」を見つけて、ガイドに差し出すという選択をする。

【4】ガイドを信頼する
ガイドを信頼して全てを委ね（サレンダー）、ひたすら「癒しの道」を歩み続ける（コミットメント）。

第7講 黄金の輪

「癒しの道」は分離から統合へ、全体性から全一性へと向かう

「分離の思考」であるエゴと、「全一性」である霊

「癒しの道」を歩むことで何が起きるのかを知るために、「癒し」について、「分離の概念」から復習しましょう。新しいことを学ぶ時に難しいと感じるのは、それまで学習してきた言葉の意味のまま、新しいことを学ぼうとしてしまうことが原因の一つです。また、習慣化された思考回路から離れて、新しい思考回路を作ろうとする時にストレスを感じるのも、原因の一つです。

やる気がある時はそのストレスに耐えることができますが、やる気がなくなれば、ストレスに耐えるよりも元の思考回路に戻した方が楽だと考えるようになります。そして、理解できなかったことに対して、「自分には必要のないことだからだ」「自分には縁がなかったからだ」と理由づけをして離れます。これは、ストレスに対する心の防衛機制という仕組みであり、守ることが習慣化されたエゴの思考回路ですから、「癒しの道」は停滞してしまいます。「癒し」とは、エゴの思考回路から霊の思考回路に変えていくこと

です。正確には、思考しない霊に思考回路はないため、ここでは「全一性」と表現しておきます。

「分離の思考」であるエゴと全一性である霊は違うので、「分離の思考」で霊を理解することは不可能です。しかし、あなたは霊の全一性をまだ覚えていますので、「分離の思考」で理解できなくても、全一性を思い出すことは可能です。不思議なことに、あなたは理解できたら思い出せると信じているかもしれませんが、それはエゴの「反転」というトリックです。「癒しの道」において理解とは、思い出した後に改めて考えをまとめた時に思うものです。理解したいと思いながら何度も繰り返してこの文章を読み返すことそのものが、ガイドの「癒し」を受け取りたいというコネクションです。一度では難しくても、二度三度と読み返すうちに、ある時、思い出されます。それは、「癒しの道」を歩むのと同じ選択の連続なのです。

そして、再び読み返すと、「理解できている」あなたがそこにいるのです。

「分離の思考」であるエゴによって作られたドリーミング

最初に、「全一性から分離して、自分が自分を自分の計画で作りたい」という「分離の思考」があります。この考え方のことを、エゴ（自我）と言います。全一性は「全てが一つである」という霊の「あり方」ですから、分離は不可能です。そこで、エゴは、「妄想の中なら分離の体験ができるだろう」と考えるのです。エゴに囚われた意識は一瞬で夢の中に落ちて、無数の魂に分離する「意識の構造」という夢ができたのです。これが、エゴによって作られた最初のドリーミングです。

「意識の構造」の中で魂はどんどん細かく分離し、一つの魂に一人の視点が生じて、あなたはその視点から「分離の体験」をすることになりました。この一人の視点を、「意識の場」と言います。体験されていることは全てあなたの魂の「意識の場」に作られた夢で、これをドリーミング（夢見）と言います。ドリーミングは「自分」で作って「自分」で体験する、「自我同一性」という閉じた仕組みになっています。それでも、つながっている他の魂たちとは、集合的無意識で「情報とエネルギー」というドリーミングの素材を共有しているために、確認し合える範囲のドリーミングは客観的な現実世界として認識し合っています。

つまり、世界は一つではなく魂の数だけあるということです。魂は無数に分離しているので、世界も無数にドリーミングされています。時間と空間も魂が作ったドリーミングなので、分離など一度も起きたことのない全一性においては、何も始まっておらず何も広がっていません。次元も作られていないので、エゴが見せている夢は、全一性ではゼロ次元に集約されます。ゼロですから、霊にとっては「無」なのです。

ただし、霊の「無」と魂の「無」には違いがあります。魂にとっては、「体験が無いこと」を「無」と言います。この場合の「無」とは、体験が「有」に対しての「無」なので、二元的な見方です。これが、「分離の概念」です。霊の「無」は、「最初から何も起きて無い」の「無」なので、「何も無くて空虚だ」という意味ではありません。霊の全一性には、分離不可能な「愛と命と光」が満ち溢れています。そのことを、分離した魂は想像することができないので、理解することもできません。それでも、そもそも分離していないので、あなたが霊の「あり方」を思い出せば、理解する必要もないくらい当然のことと確信できます。

「自我」と「自分」と「自己」の違い

分離した魂の夢に意識が囚われることで、一つ問題が起きました。それは、本来の「あり方」だった全一性のバランスを忘れてしまったことです。魂として無数に分離したため、それぞれの魂が、何を中心にバランスをとったら良いのかわからなくなったのです。そこで、エゴは「自分」という新しい「点」を作って、そこを基準に「軸」を立てればいいのだとアイディアを出しました。そこから、「自分」という「点」を探すことになったのですが、そもそも幻想である「自分」に完全で揺るがない「点」を見つけることなど不可能です。でも、エゴのアイディアを真に受けた魂は、「いつか必ず自分を見つけることができるだろう」と妄信しました。そして、決して見つかることのない虚空に「これが自分である」と確信できる「点」を探して、無限の時間の中をぐるぐるとさまよい続けているのです。

ここからが「癒しの道」の話です。エゴによる「分離の夢」で「分離の体験」に夢中になっている魂であっても、決して本質が失われることはありませんでした。本質とは、本来の「自己」である霊です。魂が「自分」という夢に現実感を覚えていたとしても、霊の思い出を完全に忘れることはなかったのです。

自分自身を指す言葉は三つありますが、「癒しの道」においてはそれぞれ全く意味が違うので注意してください。「自我」はエゴのことで、「全一性から分離して私が私の計画で自分を作ることができるだろうか」という思考のことです。「自分」は、エゴによって作られた「私はこのような存在である」という観念です。「自己」は霊のことで、本来のあなたです。「癒し」とは、「自我」が作った「自分」という夢から本来の「自己」に意識を戻す過程のことなのです。夢の中の魂の視点を霊の視点へと導くのがガイドという力で、目覚めることを「癒し」と言い、目覚めていく過程のことを「癒しの道」と言います。

あなたは、エゴが作った「意識の構造」の中で、魂という夢を見ている霊の一部です。「無数に分裂した意識」とは、あなたが体験している世界にも同じ仕組みが表現されています。それは、複数の人格が同じ人の中に作られるという「解離性同一性」という現象で、多重人格とも呼ばれています。一つの意識が分離してそれぞれ独自の意識となる現象は、エゴが作った「意識の構造」と同じ仕組みで成り立っています。

「癒しの道」と「愛の拡大」と「黄金の輪」

あなたの世界で、解離性同一性の原因となっているのは、子ども時代に体験したトラウマです。トラウマとは、強い「恐れ」によって魂が砕け散ってしまうことです。魂の分離も、トラウマが原因となっています。それは、エゴによって妄想された「全一性からの分離」による「恐れ」です。「集合的な魂」の「癒し」に取り掛かっていない個の魂では想像できない、とてつもなく大きな「恐れ」だったのです。この「恐れ」が、一瞬で無数に分離した魂を作りました。この根源的な魂の「恐れ」は、あなたの世界にも「死」「事故」「災害」「病気」「戦争」「殺人」など、さまざまな形で表現されています。それらに心が囚われると、あなたはそれらと同じものになろうとしてしまいます。一番恐れるものに「自分」がなってしまえば、それ以上恐れることはないだろうという狂気の発想です。こうなると、あなたが属している「集合的な魂」全体に影響を与え始めます。それを「恐れの拡大」と言います。

「集合的な魂」には、多くの狂気によって作られたトラウマが「癒し」を待っています。

「癒しの道」の最初に、あなたは自らの魂の「癒し」に取り掛かります。自らの魂の中に記憶されたさまざまな傷のドリーミングを、人生を通して一つひとつ取り出して、ガイドに差し出します。ガイドはドリーミングを取り消して、そこには「愛と命と光」しかなかったという全一性に戻すのです。「癒しの道」は、それぞれの魂によって違います。一つひとつの魂は、自らの元々のバランスをとりながら「癒しの道」を歩みます。元々のバランスとは、魂の軸と霊の軸との関係のことです。この魂のバランスのことを「魂の特性」と言います。魂は自らの特性で「癒しの道」を歩んでいきますが、その変化は、同時にその魂がつながっている集合的無意識を通して「集合的な魂」に広がります。魂の特性によって広がる影響のことを「愛の拡大」と言います。「愛の拡大」とは、一つの魂の「癒し」は、その魂がつながっている「集合的な魂」の「癒し」にも影響を与えるということです。同じように、一つの「集合的な魂」の「癒し」は、その「集合的な魂」がつながっているもっと大きな「集合的な魂」の「癒し」に影響を与えます。

全ての魂はつながっているために、逆の影響もあります。大きな「集合的な魂」の「癒し」は、そこにつながっている小さな「集合的な魂」全体に影響を与えるのです。

あなたの属している「集合的な魂」にも、「癒しの道」を歩んできた別の「集合的な魂」が影響を与えています。魂は自由であり、自らが属している「集合的な魂」に縛られてはいないため、別の「集合的な魂」から「癒し」のためにやってくる個の魂たちもいます。お互いがつながり合って大きな「癒しの道」を歩んでいくのです。「癒し」のためにつながり合ったグループは、「集合的な魂」の中に霊の太い軸を得ます。その軸は、まるで黄金に輝く巨大な霊への門のようなので、「黄金の輪」と言います。この「黄金の輪」というつながりは、それまでの「癒しの道」に大きな変化を作り、そこにつながっている個の魂たちの「癒し」もそれぞれ加速されます。こうして、全体が一つであるという「集合的な魂」の「全体性」から、全てが一であるという霊の「全一性」への目覚めが始まるのです。

「癒しの道」は「苦しみ」の道ではなく、つらい修行でもない

「癒しの道」では、最初に静けさへ向かう意志が必要です。その理由は、「エゴの罠」では、「明晰なスピリチュアリティ」という視点が弱くなっているからです。「癒しの道」では、その体験が「快感」か「不快感」かということは重要ではありません。どこかで「何かが違う」と感じながらも、その小さな正気を無視して目の前の「快感」を求める狂気へと向かうと、せっかくの「癒し」の機会を失ってしまうことになります。重要なのは、あなたが体験に夢中になって夢の現実感を強化してしまうか、体験を観察して霊の現実へ目覚めていくかということです。体験している夢を観察して、そこに夢を強化する「エゴの罠」

を見つけてガイドに差し出すために、最初に静けさに向かうのです。

「癒しの道」は「苦しみ」の道ではなく、「癒し」はつらい修行ではありません。「苦しみ」は「癒し」のための観察の対象ですが、「苦しみ」を好んで作り出さなくてもいいのです。あえて「苦しみ」を作り出すのは、「愛の拡大」ではなく「恐れの拡大」です。それは、「癒し」を停滞させてしまう「エゴの罠」なのです。あなたの集合的無意識にもその傷はたくさんありますが、あなたが再び同じ「苦しみ」を体験する必要はありません。「癒しの道」を行くなら、そのような狂気の観念は手放して、どうか平和に戻ってきてください。

あなたの魂が属している「集合的な魂」に何が記憶されていようが、あなたは自由です。自由は、「集合的な魂」から来るのではなく、ガイドから来るのです。全ての魂はガイドとの直接的なつながりによって、分離の瞬間の一点に引き戻されます。魂によって「癒しの道」は違っても、全ての「癒し」は全一性の霊への目覚めです。そこに上下関係はありませんし、あなたの「癒し」を他の魂の「癒し」と比べることもできません。そのため、あなたは真に自由なのです。

「意識の場」の中で体験する全てはドリーミング

この世界は、あなたの中に表現されたドリーミングです。その素材は、集合的無意識から継承したものなので、同じ素材を使っている他の魂と確認し合える何かがあるように思えます。でも、体験そのものを確認し合うことは決してできません。「意識の場」は、それぞれの魂の内側にあるからです。世界はあなたの外側に客観的に広がっているのではなく、あなたの内側に表現されているのです。その世界の中心にぽつんと一つの視点を作っているのが肉体ですが、それはあなたが肉体に意識の焦点を当てて体験しているからであって、肉体に焦点を合わせることを緩めて魂の知覚を開けば、体験されていること全てが「意識の場」の中の表現であることに簡単に気がつきます。肉体の焦点を緩めても肉体が死ぬわけではありませんし、わざわざ肉体を殺さなくてもいつでも魂の知覚は開けます。魂の知覚をどれほど開くのかも、あなたの自由です。

体験とは、魂の「意識の場」の中に作られた夢なので、これをドリーミングと呼んでいるのです。手を見て、足を見て、体の現実感をどれほど強く感じても、それは夢の視点で夢を感じて夢に現実感を感じているのです。同じように、遠くを見て、近くを見て、空間の現実感をどれほど強く感じても、それは夢の現実感です。昨日を思い出して、時計を見て、過去の写真を見て、流れている時間の現実感をどれほど強く感じても、それは夢の現実感です。宇宙が何百億年前に誕生したとしても、その過去は、これからの未来も含めて今この瞬間にある夢の可能性です。

全一性には「全ての可能性」があり、魂はその可能性の中から「分離の夢」に必要なものを選択して、「意識の場」の中にドリーミングします。ドリーミングされた時に、今ここで体験したと認知するのです。ドリーミングの可能性の高い未来は、何かがドリーミングされた瞬間に決定します。可能性が高いということは、すでに無意識からドリーミングのためのエネルギーが与えられ始めているということです。魂によって、可能性は「意識の場」にドリーミングされて体験されます。そのため、体験されたのであれば、その体験の裏側にはすでに未来の準備もされているのです。魂の知覚を開けば、時間を超えて今から何がドリーミングされるのかを知ることはできます。ただし、知った瞬間に「そのことを知った現在」として別の可能性にエネルギーが与えられるので、知ってしまった未来を、知らなかった現在として体験することはできません。「知る」ことそのものが、「意識の場」にドリーミングされた体験なのです。

「過去を思い出す」のも、現在のドリーミングです。「意識の場」に、過去を思い出す体験をドリーミングしているのです。「記憶があるとわかっている」こともドリーミングであって、その素材は魂に蓄積されます。そして、思い出される時に再びドリーミングされます。体験した瞬間に過去の記憶も一緒にドリーミングされるために、過去の記憶と現在の体験が連続しているように認知します。その認知もドリーミングなので、体験の現実感に囚われていると、体験を超えた「場」があることを忘れてしまいます。「意識の場」の中で何を体験しても、それは魂のドリーミングでしかないのです。

あなたは、「意識の場」を超えた存在

あなたは、「意識の場」を超えた存在です。難しくないので、試しに「体験されているこの世界を超え

た未知の場がある」と思ってみましょう。何が想像されても、確かにそれは「意識の場」に作り出された体験ですが、そのことはしばらく無視して、「ここにいる自分を超えた、この世界をも超えた未知の場」に意識を向けてみましょう。何も感じなくても問題ないので、しばらくしたら再びこの世界の体験に意識を戻してみましょう。そして、自分自身に、「これが夢だと信じられるか」と質問してください。答えを考える必要はありません。質問を投げかけるだけでいいのです。この実験が何をもたらすのかは今は知らなくても、思い出した時に日常のさまざまなところで繰り返しやってみましょう。ガイドへのコネクションの時に行うと、魂の知覚は大きく開かれます。

魂の知覚を広げなければ、世界の体験の現実感を超えることはできません。その世界の体験を超えて、他の「集合的な魂」の素材を使った別の世界をドリーミングすることも可能ですが、あなたが属している元の「集合的な魂」がなくなるわけではないので、いたって普通に元の世界はドリーミングされます。どこまで魂の知覚を広げても、体験は必ず魂の「意識の場」の中にドリーミングされます。魂の知覚を開くのは、夢が夢であることを知るのには役立ちますが、夢から覚めることとは違うのです。体験は「意識の場」にドリーミングされますが、霊への目覚めは「意識の場」を超えるということです。目覚めたのに夢を見るというのはおかしなことです。体験はドリーミング（夢見）であり、寝ている魂だけが夢見ることができるのです。つまり、「癒し」の最終段階では、あなたは「意識の場」を超えて「体験されることのない」全一性に戻るのです。エゴにとっては体験がないことは価値がないことですから、そう簡単に目覚めない理由がそこにあるのです。

今の段階では、「癒し」の終わりについて悩む必要はありません。その時がくれば必ず歓迎できます。目覚めの瞬間は喜びに満ちたものなので、信頼してください。夢から覚めたら、全てを失うのではありません。夢から覚めれば、全てがあったことに気がつきます。あなたがドリーミングしている世界では、物質としての肉体の死は避けられないでしょう。ドリーミングは「情報とエネルギーと意識（想念）」でできているため、同じ状態を保つことは難しいのです。動かずエネルギーの変化を極力抑えたとしても、物質の状態は永遠に保つことはできません。

「癒しの道」を歩き、やがて夢から目覚めると

霊は、ドリーミングの世界に属してはいません。ドリーミングは「分離の夢」であって、そのどこにも全一性は見つかりません。「苦しみ」を強める方法なら簡単に見つかりますが、「苦しみ」から完全に逃れる方法は、どこを探しても見つからないのです。ガイドを受け入れて「癒しの道」を歩き始めると、いつかはドリーミングとは何かについてよくわかるようになります。そして、それまでのドリーミングの価値が薄れていきます。ドリーミングへの執着が薄れても、魂がドリーミングしないことはありません。でも、あなたはドリーミングに束縛されない自由を得ています。ドリーミングから自由になったあなたの意識は、ドリーミングされることのない霊の「愛と命と光」そのものに向けられます。

肉体を持ってそこで生きている間は、その人生における「癒しの道」のあなたの役割は続いていています。ドリーミングの価値が変わったとしても、魂に蓄えられたドリーミングの責任は変わりません。「あなたは集合的無意識につながっている他の魂たちに騙されてきたのだから、彼らを攻撃していい」と誘うかもしれません。それに乗ってしまうと、再びドリーミングの奥深くへ入り込んで、世界の現実感は強くなってしまいます。ドリーミングとは何かを知っても、「愛と命と光」に価値を持った時期があったとしても、あなたの「癒しの道」の役割はまだ続いていています。あなたの世界には、まだ他者や世界の「苦しみ」が表現されているでしょう。その表現から、自らの魂の中にある「苦しみ」に気づきましょう。そして、その裏にある罪と罰の観念を見つけて、ガイドの「癒し」を受け入れてください。「癒しの道」は「苦しみ」の道ではなく、「癒し」は「苦しみ」ではありません。ガイドの「癒し」を受け入れるたびに、あなたの中には平和が取り戻されていきます。「癒しの道」で取り戻される霊の思い出とは、「愛と命と光」です。

深い夢の中にいるあなたには、ドリーミングという「自分」の作品を手放す勇気が試されるように感じるでしょう。エゴの誘惑も絶えずやってくるのは仕方がないことです。そのたびにあなたは選択を迫られるでしょう。「自分」の観念を選択したのなら、エゴの道を歩むと決めたのです。それなら「自分」の観念は強くなりますが、それは同時に「苦しみ」を伴います。ガイドの「癒し」を選択したのなら、「癒しの道」を歩むと決めたのです。それなら、「自分」の観念は手放されて自由になります。

日々ガイドの「癒し」を選択しているうちに、「自分が体験しているこの世界は、私のドリーミングだったのか」「霊へ目覚めるということが、どういうことかわかってきた」と思えるようになったとしても、それで「自分は悟った」とか「自分は癒された」と誰かに言う必要はなく、誰の承認もいりません。誰かに認められたり崇められたりするために、「癒しの道」を歩んでいるのではないからです。エゴの価値観においては、「他者に認められて初めて、自分も自分を認められる」のでしょうが、それなら、そこにはまだ「他者からの承認」という癒されていない分離の欲求が残っていることになります。「癒しの道」を進めば、日常の細かなところに、まだまだ癒しが必要な概念がたくさんあることに気がつくでしょう。

ガイドの「癒し」を選択し続けること

「癒しの道」では、思考や感情や感覚の捉え方が変わってきたり、ドリーミングについての理解が深まったり、魔術と「癒し」の違いについてよくわかってきたり、ガイドへのコネクションが習慣化されてきたりします。「癒し」が進んだと思うたびに、日常に溢れる「分離の概念」をあらためてチェックすることが大切です。「集合的な魂」が抱えている「分離の概念」は、常識や風習や制度や信仰などとして社会に表現されています。まだまだ「癒しの道」の途中であることを受け入れて、再び謙虚になって「癒しの道」を歩み続けましょう。「悟った」と思ったとしても、再び見るのです。何かがわかったとしても、あなたの「癒しの道」は変わることなく、「夢の中へ入るか」それとも「夢から覚めるか」という選択の連続です。あなたに必要なのはガイドの「癒し」を選択し続ける小さな意欲だけなのです。

安心してください。「癒しの道」を歩むのは決してあなた一人ではありません。あなたが属する「集合的な魂」も、すでに「癒し」を受け入れています。そのため、「黄金の輪」につながる多くの魂たちも協力に来ています。だから、こうして「ガイドの授業」が伝えられているのです。あなたの「癒し」はみんなの「癒し」であり、「愛の拡大」を始めると、世界中に「愛と命と光」の似姿が表現され始めます。そこから多くの魂たちの「癒し」も進んでいくことでしょう。やがて全ての魂が全一性に戻り、「癒しの道」は「癒されることなど初めからなかった」という霊の現実の一瞬で終わります。

ガイドを信頼して、明晰な視点で世界を再び見てください。そこで体験されているドリーミングに、どのような観念が隠れているのかを見つけてください。そして、ドリーミングの中に「自分」を探すことをやめて、代わりにあなたの中に、つながっている霊の輝きを放つ本来の「自己」を思い出してください。それが可能なのは、霊の真実が、今もあなたの中に残っているからなのです。

まとめ

◉「癒し」とは、「自我」が作った「自分」という夢から本来の「自己」に意識を戻す過程のことである。

◉「癒し」のためにつながり合った「黄金の輪」によって、「集合的な魂」の「全体性」から霊の「全一性」への目覚めが始まる。

◉「集合的な魂」に何が記憶されていようが、あなたは自由である。

◉「癒しの道」では、全ての魂がガイドとの直接的なつながりによって、分離の瞬間の一点に引き戻される。

◉あなたの「癒し」はみんなの「癒し」であり、「愛の拡大」を始めると世界中に「愛と命と光」の似姿が表現され始める。

おわりに

ガイドは自己治癒力のようなもので、私たちがただの肉体ではなく、この世界を超えた霊であることを思い出させる力です。ここに記された教えは、ガイドからの啓示によって、5年にわたる深夜の夢の中で得たものです。

ガイドの授業は、単なる夢の中の出来事ではありません。それは、かつて失われたと思われた記憶が、ふとした瞬間に蘇るようなものです。夜な夜な、暗闇の中で、スマートフォンの明るい光を頼りに、この不思議な経験を言葉にし続けました。間違いがあれば、ガイドはその都度、私の視点を訂正してくれました。

ガイドの授業は、この世の実在の否定ですが、この世の価値の否定ではありません。価値というのは、その人がどのように世界を見るのかによって変わります。「自分という観念を強化して夢の中へ入っていく」のか、それとも「自分を手放して大いなる霊の現実へ目覚めていく」のか、それによって世界の見方も価値も変わります。

「自分を手放す」とは、それまで信じてきた古い観念から自由になることです。「自分」を手放して、大いなる霊的現実へと目覚める癒しの過程は、私たちに多次元の視点を提供し、全体性への統合を促します。

ガイドの授業は、実はとてもシンプルでダイレクトですが、初めて学ぶ人には難しいかもしれません。あなたがすでに知っている概念で学び進めると、急に理解できなくなるかもしれません。概念を訂正するのがガイドの目的の一つなので、仕方がないことです。諦めずに何度か読んでいただければ、スッとわかる瞬間がきて驚くことでしょう。

この本が皆様の手に渡ることができたのは、いつもお世話になっている高山史帆様、編集の高橋涼様、デザイナーの鈴木学様のおかげです。尊敬と感謝をいたします。そして、このプロジェクトを可能にしてくださったナチュラルスピリットの今井社長に、心からの感謝を捧げます。

最後に、この本を手に取ってくださったあなたにも感謝申し上げます。

私たちのガイドの授業はここで終わりではなく、ここから第5限がスタートするのです。

深瀬 啓介

著者プロフィール

深瀬啓介（ふかせ・けいすけ）

1972年生まれ、宮城県仙台市在住。企業研修講師、カラー心理セラピスト。一般社団法人ME応用心理学研究所代表理事。幼い頃から色の見え方に興味をもち、大学では色の再現と認知について学ぶ。卒業後、仙台の専門学校にてデザイン講師として活動を開始。2005年、色と心理療法の研究をまとめた「MEカラーセラピー」を開発する。脳科学や分析心理学をベースとした色彩研究のためのコミュニティをSNSに開設し、会員数は1万5千人を超える。現在は、各種団体や企業においてマインドフルネス瞑想や色彩心理、分析心理の講座を行っている。2016年から人生を導く大いなる存在「ガイド」とのつながりを受け入れ、絵と夢を通じてスピリチュアルな学びを深めながら、多くの人の霊的な本質を描く画家として活動している。2019年、「ガイド」との交流から初の「ドリーミング・セラピー・カード」が完成。その方の特性やあり方を描くセッションの他、ガイドの授業に関わるワークショップを開催している。著書に『カラーリーディング』（文芸社）、『3つのカードでラクラク問題解決！ドリーミング・セラピー・カード』（ライトワーカー）がある。

公式ウェブサイト　https://www.pmcv.pw/

ドリーミングから全一性の目覚めへ
ガイドの授業

●

2024年5月23日　初版発行

著者／深瀬啓介

装画・本文イラスト／深瀬啓介
装幀・本文デザイン・DTP／鈴木 学
編集／高橋 涼

発行者／今井博揮
発行所／株式会社 ナチュラルスピリット
〒101-0051 東京都千代田区神田神保町3-2 高橋ビル2階
TEL 03-6450-5938　FAX 03-6450-5978
info@naturalspirit.co.jp
https://www.naturalspirit.co.jp/

印刷所／中央精版印刷株式会社

ISBN978-4-86451-478-1 C0011